Super M
Mathematik für alle

3

Herausgegeben von
Ursula Manten

Erarbeitet von
Ursula Manten
Ariane Ranft
Gabi Viseneber

Illustrationen von
Martina Leykamm
Dorothee Mahnkopf

Dieses Buch ist Eigentum
der ▓▓▓▓▓▓▓▓▓
Für Beschädigungen muß Ersatz
geleistet werden!

Entleiher	Klasse
1. ▓▓▓▓▓▓▓	▓▓
2.	
3.	
4.	

ausgesondert

Dieses Buch gibt es auch auf
www.scook.de
Es kann dort nach Bestätigung der Allgemeinen Geschäftsbedingungen genutzt werden.
Buchcode: ydtk8-d3wx4

Cornelsen

Inhaltsverzeichnis

			Arbeits-heft	Förderheft Einstiege	Forderheft Aufstiege
Wiederholung	Addition und Subtraktion	4	3	2	2
	Einmaleins	6	4	3	3
	Division	8	5	4	4
	Geometrie	10	6	5	5
	Sachrechnen	12	7	6	6
Die Zahlen bis 1000	Die Zahlen bis 1000	14	8	7	7
	Das Tausenderfeld	16	9	8	8
	Zahlen bis 1000 darstellen	18	10	9	9
	Zehn Hundertertafeln – eine Tausendertafel	20	11	10	10
	Der Zahlenstrahl	22	12	11	11
	Das kann ich schon!	24		12	12
Größen Teil 1	Längen – m, cm	26	13	13	13
	Längen – cm, mm	27	13	13	13
	Längen – km, m	28	14	14	14
	Gewichte – kg, g	30	15	15	15
	Rechnen mit Gewichten	32	16	16	16
	Das kann ich schon!	34		17	17
Addition bis 1000	Addition mit großen Zahlen	36	17/18	18	18
	Überschlag	38	19	19	19
	Schriftlich addieren	40	20	20	20
	Schriftlich addieren üben	42	21	21	21
Geometrie/ Symmetrie	Symmetrische Figuren	44	22	22	22
	Figuren auf Karopapier spiegeln	46	23	23	23
	Übungen mit dem Geobrett	47	23	23	23
	Das kann ich schon!	48		24	24
Subtraktion bis 1000	Subtraktion mit großen Zahlen	50	24/25	25	25
	Schriftlich subtrahieren – ergänzen	52	26	26	26
	Schriftlich subtrahieren – abziehen	54	27	27	27
	Schriftlich subtrahieren üben	56	28	28	28
	Schriftlich subtrahieren und die Null	58	29	29	29
	Rechnen mit Kommazahlen	60	30	30	30
	Das kann ich schon!	62		31	31
Daten, Häufigkeit und Wahrscheinlichkeit	Zufall – Würfeln	64	31	32	32
	Wahrscheinlichkeit	66	32	33	33
	Kombinatorik	68	33	34	34
	Daten sammeln und darstellen	70	34	35	35
	Knobelaufgaben	72	35	36	36
	Das kann ich schon!	74		37	37

			Arbeitsheft	Förderheft Einstiege	Forderheft Aufstiege
Multiplikation und Division	Wiederholung – Multiplikation	76	36	38	38
	Teiler/Vielfache	78	37	39	39
	Multiplikation mit Zehnerzahlen	80	38	40	40
	Halbschriftliches Multiplizieren	82	39/40	41	41
	Division mit Zehnerzahlen	84	41	42	42
	Halbschriftliches Dividieren	86	42	43	43
	Punktrechnung vor Strichrechnung	88	43	44	44
	Ungleichungen	90	44	45	45
	Das kann ich schon!	92		46	46
Geometrie/ Körper	Körper	94	45	47	47
	Körpernetze	95	45	47	47
	Vergrößern – verkleinern	96	46	48	48
	Räumliche Orientierung	98	47	49	49
	Würfelgebäude	100	48	50	50
	Mit Somateilen bauen	102	49	51	51
	Das kann ich schon!	104		52	52
Größen Teil 2	Zeit, Zeitspannen – Stunden, Minuten, Sekunden	106	50	53	53
	Volumina – Liter, Milliliter	108	51	54	54
Sachrechnen	Gesund frühstücken	110	52	56	56
	Im Parkhaus	112	53	57	57
	Ferien	114	54	58	58
	Klassenfahrt	116	55	59	59
	Das kann ich schon!	118		60	60
Aufgaben für Super M-Fans	Aufgaben für Super M-Fans – Rechnen und Spielen	120	56/57	61	61
	Aufgaben für Super M-Fans – Rechnen und Knobeln	122	58	62	62
	Aufgaben für Super M-Fans – geometrische Knobeleien	124	59	63	63
Grundwissen	Das kann ich jetzt – Addition	126	60	64	64
	Das kann ich jetzt – Subtraktion	127	60		
	Das kann ich jetzt – Multiplikation	128	61		
	Das kann ich jetzt – Division	129	61		
	Das kann ich jetzt – Geometrie	130	62		
	Das kann ich jetzt – Längen, Zeit	132	63		
	Das kann ich jetzt – Gewichte, Volumina	133	63		
	Das kann ich jetzt – Sachrechnen	134	64		

AH▶ Arbeitsheft   **E▶** Förderheft – Einstiege   **A▶** Forderheft – Aufstiege

Addition und Subtraktion

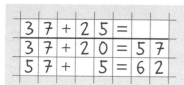
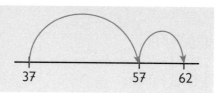
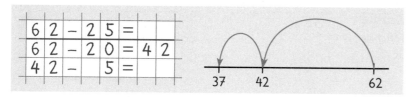

Erst Zehner, dann Einer oder umgekehrt.

① Rechne mit deinem Rechenweg. Schreibe in dein Heft.

a) 28 + 33	b) 75 + 18	c) 29 + 48	d) 79 + 19	e) 45 + 33
59 + 24	49 + 39	58 + 35	63 + 28	36 + 24
37 + 46	67 + 15	55 + 27	57 + 13	69 + 46
16 + 38	46 + 47	17 + 66	26 + 49	77 + 38

54 60 61 70 75 77 78 82 82 83 83 83 88 91 93 93 93 94 98 115 115

f) 52 − 17	g) 63 − 19	h) 83 − 25	i) 92 − 63	j) 81 − 26
45 − 28	52 − 33	75 − 38	74 − 29	62 − 37
61 − 34	36 − 18	41 − 24	32 − 13	55 − 19
73 − 47	95 − 47	54 − 16	85 − 56	96 − 68

17 17 18 19 19 25 26 27 28 29 29 31 35 36 37 38 44 45 48 55 58

② Ergänze. Schreibe in dein Heft.

a) 28 + __ = 56	b) __ + 18 = 54	c) 74 − __ = 38	d) __ − 22 = 59	e) 26 + __ = 51
36 + __ = 64	__ + 29 = 88	63 − __ = 29	__ − 48 = 46	__ + 25 = 84
45 + __ = 91	__ + 37 = 82	57 − __ = 19	__ − 35 = 37	45 − __ = 16
68 + __ = 99	__ + 26 = 45	83 − __ = 65	__ − 56 = 18	__ − 43 = 29

③ a) Zahlenmauer mit 16, 18, 21
b) Zahlenmauer mit 88, 39, 22
c) Zahlenmauer mit 95, 43, 19
d) Zahlenmauer mit 73, 45, 18

e) Baue eine Mauer aus: 40 92 17 29 52 23

④ Schreibe nur Aufgaben auf, deren Ergebnis

a) größer als 80 ist.
b) kleiner als 30 ist.
c) Suche Zahlen, deren Summe größer als 80 und deren Differenz kleiner als 30 ist.

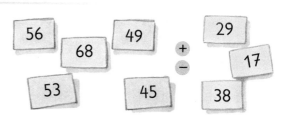

Wiederholung: 1–2;
3 Übungsformat Zahlenmauern;
4 Rechenwege bei der Addition und Subtraktion

5 Schreibe die Aufgaben in dein Heft.

a)
+	6	16	36	46
27				
38				
49				

b)
+			38	
49	67			
29				77
19		47		

c)
+	8			38
43		61		
			82	
65			93	

d)
−	37	48	29	56
82				
62				
92				

e)
−		28		57
95			49	
73	57			
61				

f)
−	9		27	
		65		
65		47		
			29	20

6 Super-Päckchen! Schreibe in dein Heft und rechne. Was fällt dir auf?

a) 35 + 16
45 + 17
55 + 18
___ + ___

b) 93 − 28
83 − 28
73 − 28
___ − ___

c) 25 + 19
35 + 29
45 + 39
___ + ___

d) 54 − 17
64 − 27
74 − 37
___ − ___

e) 51 + 26
49 + 27
47 + 28
___ + ___

f) 53 + 18
58 + 19
63 + 20
___ + ___

g) 78 − 19
73 − 19
68 − 19
___ − ___

h) 47 + 12
52 + 17
57 + 22
___ + ___

i) 62 − 21
57 − 16
52 − 11
___ − ___

j) 46 + 17
41 + 27
36 + 37
___ + ___

7 Immer 85 €.
Lege mit Rechengeld und schreibe Aufgaben.

S. 5, Nr. 7						
8	5 €	=	8	0 €	+	5 €
8	5 €	=	6	0 €	+	2 5 €
8	5 €	=		€	+	€

8 a) Sina hat 63 € gespart.
Sie kauft sich ein Spiel für 25 €.

b) Tom hat 49 € gespart. Sein Opa schenkt ihm zum Geburtstag 15 €.

c) Anna hat 72 € in ihrer Spardose. Sie kauft ein Buch für 19 € und ein T-Shirt für 29 €.

Einmaleins

① Schreibe und rechne die Kernaufgaben zu allen Einmaleinsreihen.

·	1	2	3	4	5	6	7	8	9	10
1										
2										
3								24		
4										
5										
6										
7										
8		24								
9										
10										

S. 6, Nr. 1
1 · 1 = 1
2 · 1 = 2
5 · 1 = 5
10 · 1 = 10

Die Kernaufgaben kann ich schon.

② Schreibe und rechne die vier Super-Päckchen, die zu den roten Zeilen der Einmaleinsreihe gehören.

S. 6, Nr. 2
1 · 1 = 1
1 · 2 = 2
1 · 3 = 3

③ Schreibe und rechne.

S. 6, Nr. 3
a) 6 · 4 = 5 · 4 + 1 · 4

Die Kernaufgaben helfen.

a) 6 · 4   b) 6 · 5   c) 6 · 3
   6 · 2   6 · 7   6 · 6
   6 · 8   6 · 10   6 · 9

d) 7 · 4   e) 7 · 5   f) 7 · 3
   7 · 2   7 · 7   7 · 6
   7 · 8   7 · 10   7 · 9

④ Schreibe und rechne.

S. 6, Nr. 4
a) 2 · 3 = 6

Verdoppeln hilft.

a) 2 · 3   b) 4 · 3   c) 8 · 3
   2 · 6   4 · 6   8 · 6
   2 · 9   4 · 9   8 · 9

d) 2 · 5   e) 4 · 5   f) 8 · 5
   2 · 7   4 · 7   8 · 7
   2 · 10   4 · 10   8 · 10

Wiederholung: 1–2 Bereitstellung der Kernaufgaben anhand der Einmaleinstafel; 3 Lösungen aus den Kernaufgaben ableiten; 4 Verdopplung als Strategie nutzen

⑤ Malaufgaben mit 9

S. 7, Nr. 5
a) 9 · 7 = 63
   10 · 7 = 70
   1 · 7 = 7

Die Kernaufgabe 10 · 7 hilft.

a) 9 · 7
   9 · 4
   9 · 8

b) 9 · 2
   9 · 9
   9 · 6

c) 9 · 10
   9 · 3
   9 · 9

⑥ Muster in der Hundertertafel.
Welche Einmaleinsreihen erkennst du? Schreibe sie in dein Heft.

⑦ Ergänze. Schreibe in dein Heft.

a) 3 · __ = 6
   3 · __ = 21
   3 · __ = 24
   3 · __ = 30

b) __ · 5 = 15
   __ · 5 = 25
   __ · 5 = 35
   __ · 5 = 45

c) 7 · __ = 21
   __ · __ = 42
   __ · __ = 28
   __ · __ = 49

d) 8 · __ = 16
   __ · __ = 24
   __ · __ = 64
   __ · __ = 56

⑧ Welche Zahlen sind beschrieben?

Das Doppelte meiner Zahl ist 16. — Max

Das Dreifache meiner Zahl ist 18. — Lena

Das Vierfache meiner Zahl ist 36. — Anne

Das Fünffache meiner Zahl ist 40. — Nele

Wiederholung: 5 Kernaufgabe 10 · x nutzen;
6 in Mustern in der Hundertertafel Einmaleinsreihen erkennen;
7 Ergänzungsaufgaben lösen; 8 Zahlenrätsel
E▶3 AH▶4 A▶3

Division

① Rechne und notiere die Antworten im Heft.

a)

Die Murmeln reichen für __ Beutel.   Die Murmeln reichen für __ Beutel.

b)

Jedes Kind erhält __ Murmeln.   Jedes Kind erhält __ Murmeln.

② Aufgabenfamilien
  a) Schreibe und rechne jeweils alle 4 Aufgaben.

  b) Ergänze passende Zahlen so, dass Aufgabenfamilien entstehen.
     Schreibe und rechne jeweils alle 4 Aufgaben.

     6 48   18

③ Ergänze. Schreibe in dein Heft.

  a) 2 · __ = 12   b) 6 · __ = 24   c) 8 · __ = 48
     4 · __ = 32   3 · __ = 21   9 · __ = 63
     5 · __ = 35   5 · __ = 45   7 · __ = 49
     3 · __ = 27   7 · __ = 42   6 · __ = 54
     6 · __ = 42   4 · __ = 36   5 · __ = 40

Die Umkehraufgabe kann helfen.

Wiederholung: 1 Divisionsaufgaben (aufteilen, verteilen);
2 Aufgabenfamilien;
3 Ergänzungsaufgaben ggf. m.H. der Umkehraufgabe lösen.

④ Schreibe in dein Heft und rechne.

a) 14 : 2 b) 18 : 2 c) 27 : 3 d) 42 : 7 e) 30 : 6
   28 : 4   36 : 9   49 : 7   25 : 5   45 : 9
   63 : 7   24 : 8   54 : 6   72 : 9   24 : 4
   32 : 8   40 : 5   56 : 8   64 : 8   48 : 8

⑤ Ergänze die fehlenden Zahlen.

a) _ · 5 = 20 b) _ · 3 = 15 c) _ · 4 = 24 d) _ · _ = 12 e) _ · _ = 64
   _ · 4 = 28   _ · 2 = 18   _ · 6 = 54   _ · _ = 35   _ · _ = 45
   _ · 7 = 42   _ · 9 = 36   _ · 5 = 40   _ · _ = 49   _ · _ = 48
   _ · 6 = 36   _ · 8 = 72   _ · 9 = 81   _ · _ = 16   _ · _ = 56

⑥ Ergänze die fehlenden Zahlen.

a) 16 : _ = 8 b) 27 : _ = 3 c) __ : 7 = 6 d) __ : _ = 4 e) __ : _ = 3
   36 : _ = 6   54 : _ = 6   __ : 9 = 8   __ : _ = 3   __ : _ = 8
   42 : _ = 7   72 : _ = 8   __ : 8 = 7   __ : _ = 5   __ : _ = 6
   56 : _ = 8   36 : _ = 4   __ : 5 = 5   __ : _ = 7   __ : _ = 9

⑦ Rechne mit Probe.

R wie Rest.

```
S. 9, Nr. 7 a)
2 0 : 6 =   3 R 2
Probe
  3 · 6 = 1 8
1 8 + 2 = 2 0
```

a) 20 : 6 b) 37 : 9 c) 22 : 6
   25 : 8   33 : 4   23 : 7
   30 : 7   28 : 5   43 : 5
   42 : 5   36 : 7   52 : 8

⑧ Schreibe und rechne. Was fällt dir auf? Notiere.

a) 14 : 3 b) 11 : 4 c) 14 : 5 d) 23 : 6 e) 20 : 7
   20 : 3   19 : 4   24 : 5   35 : 6   34 : 7
   26 : 3   27 : 4   34 : 5   47 : 6   48 : 7
   32 : 3   35 : 4   44 : 5   59 : 6   62 : 7

⑨ Erfinde passende Aufgaben.

a) __ : 5 = 2 R 1 b) __ : _ = 3 R 2 c) __ : _ = 2 R 2 d) __ : _ = 3 R 4
   __ : 5 = 3 R 2   __ : _ = 4 R 2   __ : _ = 2 R 2   __ : _ = 3 R 5
   __ : 5 = 4 R 3   __ : _ = 5 R 2   __ : _ = 2 R 2   __ : _ = 3 R 6
   __ : 5 = 5 R 4   __ : _ = 6 R 2   __ : _ = 2 R 2   __ : _ = 3 R 7

Wiederholung: 4 automatisierende Übung; 5–6 Ergänzungsaufgaben;
7 Division mit Rest, Probe durch Umkehraufgabe plus Rest; 8 Super-Päckchen;
9a) Welche Zahl wurde geteilt? b)–d) passende Zahlen einsetzen, es gibt jeweils mehrere Möglichkeiten

Geometrie

Du brauchst:

Wenn du einen Notizzettel faltest, entsteht auf der einen Seite eine Bergfalte und auf der anderen Seite eine Talfalte.
In Faltanleitungen werden Berg- und Talfalten immer so abgebildet.

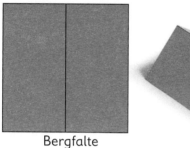  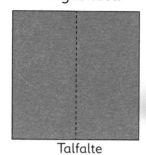 

Bergfalte — Talfalte

① Falte ein Kopftuch, ein Buch und einen Schrank.
Klebe die Faltergebnisse in dein Heft.

② Falte einen quadratischen Notizzettel wie im Beispiel.
Wenn du genau arbeitest, entstehen ein Quadrat und vier Dreiecke.
So geht es: Falte die Ecken genau zur Mitte. Benutze ein Falthaus, um den Mittelpunkt genau zu treffen.

 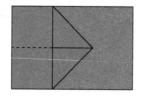 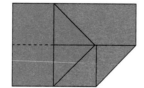

③ Stelle aus farbigen Notizzetteln durch Falten und Schneiden die fünf abgebildeten Quadrate her.
Wie gehst du vor?
Das größte Quadrat ist ein ganzer Notizzettel.

Wiederholung: Faltanleitungen verstehen; 1 Grundfaltungen ausführen;
2 nach Anleitung falten, Ergebnis am Beispiel prüfen;
3 Quadrate für die Collage herstellen und aufkleben

Josef Albers
geboren   am 09.03.1888 in Bottrop
gestorben am 25.03.1976
           in New Haven, Conneticut

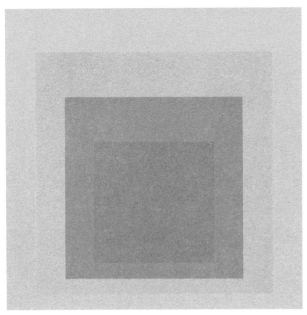

Josef Albers,
Homage to the Square,
Nr. VI, 1967

④ Suche in Büchern und im Internet nach mehr Informationen zum Leben und Werk von Josef Albers.

⑤ Wie viele Farben/Farbtöne hat Josef Albers benutzt? Wie hat er die Quadrate angeordnet? Beschreibe, welche Wirkung er mit dieser Gestaltung erreicht hat.

⑥ Gestalte eigene Bilder nach der Idee von Josef Albers für eine Ausstellung. Erprobe auch andere Anordnungen.

⑦ Stelle Quadrate verschiedener Größe her, indem du gleich breite Streifen faltest.

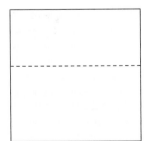 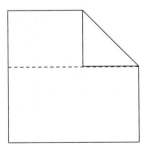 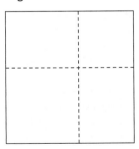

Streifen falten.   Ecke bis zur Faltlinie falten. Es entsteht ein Quadrat. Die Breite für den Streifen an der 2. Seite ist damit festgelegt.   Zweiten Streifen falten.

Immer entstehen 2 Quadrate, manchmal 4.

4 Informationen zu Josef Albers suchen;
5–6 Konzeption des Kunstwerks im Gespräch herausarbeiten und in eigenen Gestaltungen nutzen;
6 Quadrate nach Faltanleitung erzeugen

Sachrechnen

① Schreibe in dein Heft.

Ali schaut auf die Uhr. „Zwanzig vor 4", sagt er. „Ich muss los. Gleich beginnt mein Fußballtraining." Um 16 Uhr muss er in der Halle sein.

Das weiß ich schon:	Es ist ____ Uhr. Ali muss um ____ Uhr in der Halle sein.
Das will ich wissen:	Wie viel Zeit benötigt er für den Weg?
So finde ich das heraus:	____ Uhr →min→ 16.00 Uhr
Das weiß ich jetzt:	Ali benötigt für den Weg ____ Minuten.

② Um 18.30 Uhr ist Ali wieder zu Hause. Finde heraus:

a) Wann ist er an der Halle losgegangen?

b) Zum Umkleiden benötigt er 10 Minuten. Um wie viel Uhr war das Training zu Ende?

c) In der Pause hat sich Ali eine Flasche Wasser gekauft. Er hat 2 Euro bezahlt und 90 Cent zurückbekommen.

③ Im Schwimmbad unterhalten sich Max und Ali über die Eintrittspreise. Prüfe, ob die Aussagen stimmen. Begründe.

Eintrittspreise

4-Stunden-Karte
Kinder — 2 €
Erwachsene — 3 €

Tageskarte
Kinder — 3 €
Erwachsene — 5 €

Gruppentageskarte
für bis zu 5 Personen — 18 €

Das Schwimmbad ist täglich von 8.00 Uhr bis 18.00 Uhr geöffnet.

S. 12, Nr. 3
a) 2 · 5 € + 3 · 3 € = ____ €
Die Gruppentageskarte kostet nur ____ €, die Einzeltageskarten ____ €.

Ali meint:

a) Meine Eltern, meine beiden Geschwister und ich nehmen eine Gruppentageskarte, wenn wir den ganzen Tag hier sind.

b) Bei fünf Kindern lohnt sich immer eine Gruppentageskarte.

c) Nach der Schule um 14.30 Uhr reicht immer eine 4-Stunden-Karte.

Max meint:

d) Wenn wir 24 Kinder und unsere Lehrerin ins Freibad gehen, brauchen wir 5 Gruppentageskarten.

e) Morgen Nachmittag gehen wir mit Freunden ins Schwimbad, 5 Erwachsene und 6 Kinder. Der Eintritt kostet weniger als 30 Euro.

Wiederholung: 1–2 Strukturschema nutzen; Fragen im Sachkontext verstehen und beantworten; 3 Aussagen kritisch hinterfragen und ihren Wahrheitswert durch Rechnungen beurteilen.

④ Die Eltern fahren Alis Mannschaft zum Fußballturnier.
Immer drei Kinder passen in ein Auto.
Wie viele Autos werden benötigt?

So finde ich
das heraus:

Das weiß
ich jetzt: _____

⑤ In 3 Netzen sind 12 Zitronen. Übertrage die Tabelle in dein Heft und fülle sie aus.
Notiere eine Frage, die du mit Hilfe der Tabelle beantworten kannst.

Netze		3					
Zitronen		12					

Frage: _____

⑥ In der Klasse 3 b sind 24 Kinder. Jedes Kind soll eine Orange, eine Banane und einen Apfel bekommen. Wie viele Packungen von jeder Sorte muss die Lehrerin kaufen?

So finde ich
das heraus:

Das weiß
ich jetzt: _____

⑦ Übertrage die Tabelle in dein Heft und fülle sie aus.

Schachteln	1	2	3	4	5	6	7	8	9	10
Eier			18							

⑧ Finde die Antworten mit Hilfe der Tabelle. Schreibe sie auf.

Wie viele Eier?
a) Tim kauft 6 Schachteln.

b) Maria kauft 10 Schachteln.

c) Ali kauft 2 Schachteln.

Wie viele Schachteln?
d) Lena kauft 54 Eier.

e) Mio kauft 24 Eier.

f) Anna kauft doppelt so viele Eier wie Mio.

4 den Rest im Sachkontext berücksichtigen; 5, 7 Tabellen als Lösungshilfe nutzen;
6 eigene Lösungsstrategie finden, ggf. Tabellen nutzen;
8 Fragen mit Hilfe einer ausgefüllten Tabelle beantworten

Die Zahlen bis 1000

① Baut zusammen einen Tausenderwürfel. Schreibt auf, wie viele Hunderterplatten, Zehnerstangen, Einerwürfel ihr gebraucht habt. Findet verschiedene Möglichkeiten.

② Baue nach. Wie viele Hunderterplatten, Zehnerstangen, Einerwürfel sind es?

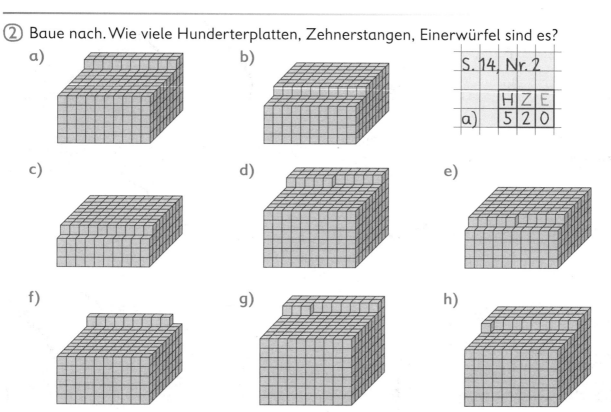

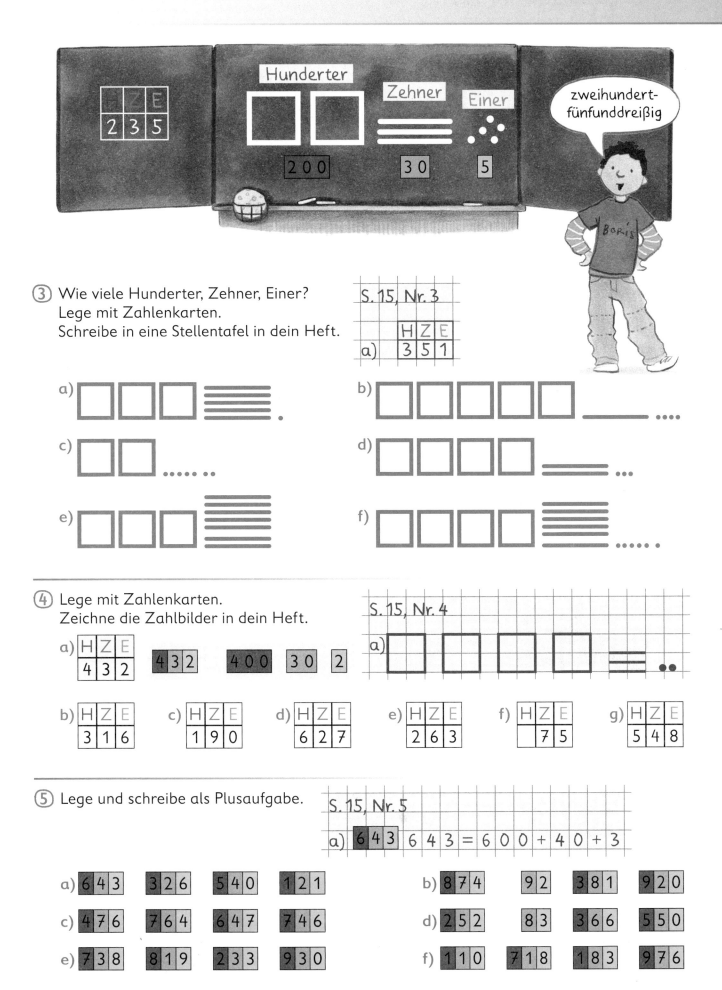

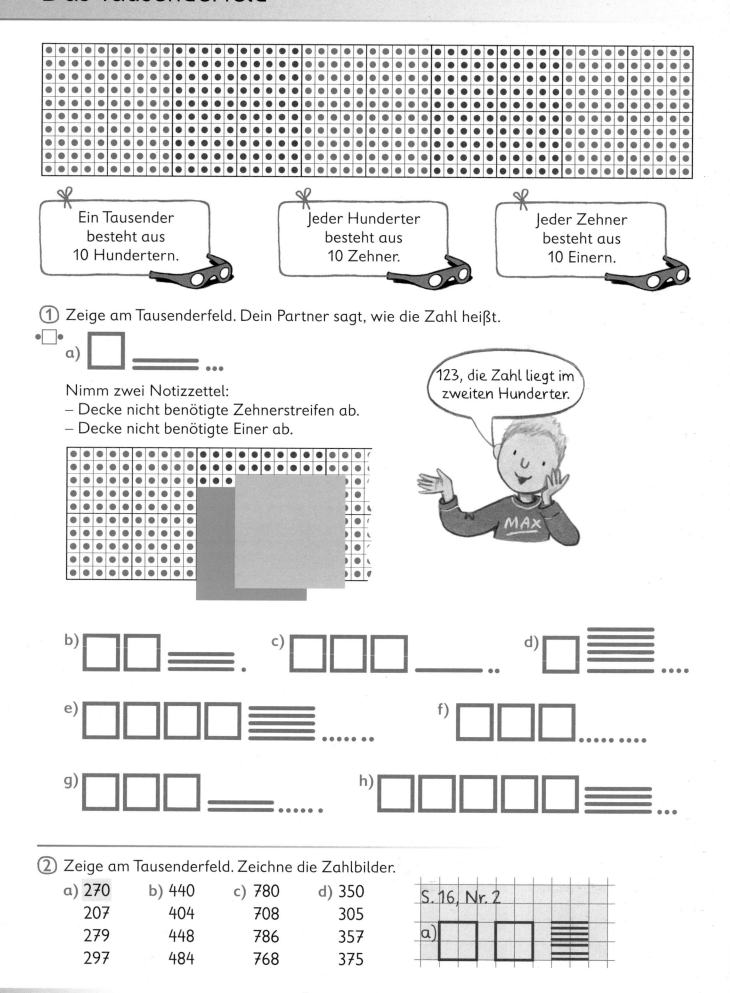

③ Zeige am Tausenderfeld. Schreibe wie im Beispiel.

S. 17, Nr. 3
a) 4 0 0 + 7 0 + 5 = 4 7 5

a) 4H 7Z 5E
   3H 5Z 8E
   7H 2Z 3E
   4H 8Z 5E

b) 7H 4Z 2E
   9H 6Z
   6H 8Z 6E
         9E

c) 8H 7Z 9E
   2H 6Z 2E
   4H 9Z 4E
   8H 3Z 3E

④ a) 7 + 2   b) 70 + 20   c) 700 + 200
    5 + 3   50 + 30   500 + 300
    4 + 5   40 + 50   400 + 500
    3 + 4   30 + 40   300 + 400
    2 + 7   20 + 70   200 + 700

Einer, Zehner, Hunderter. Ich rechne nur einmal.

⑤ Ergänze zum nächsten Hunderter. Benutze das Tausenderfeld.

S. 17, Nr. 5	a) 1 6 0 + 4 0 = 2 0 0

a) 160 + ___ = 200
   150 + ___ = ___
   140 + ___ = ___
   130 + ___ = ___
   120 + ___ = ___
   110 + ___ = ___

b) 230 + ___ = ___
   420 + ___ = ___
   620 + ___ = ___
   370 + ___ = ___
   840 + ___ = ___
   560 + ___ = ___

c) 480 + ___ = ___
   320 + ___ = ___
   550 + ___ = ___
   630 + ___ = ___
   770 + ___ = ___
   810 + ___ = ___

d) 290 + ___ = ___
   380 + ___ = ___
   470 + ___ = ___
   560 + ___ = ___
   650 + ___ = ___
   740 + ___ = ___

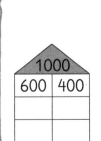

⑥ Erfinde passende Beispiele. Ergänze eigene Zahlenhäuser.

1000: 600 | 400
1000: 650 | ___
1000: 783 | 2
1000: ___ | ___
1000: ___ | ___

Zusammen immer 1000.

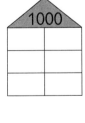

3 angegebene Stellenwerte als Addition von Stufenzahlen schreiben und die Summe notieren;
4 Analogie verstehen und nutzen; 5 zum nächsten Hunderter ergänzen;
6 passende Zerlegungen zur Zahl 1000 finden

Zahlen bis 1000 darstellen

① Lege mit Zahlenkarten. Trage in die Stellentafel ein.

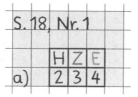

a)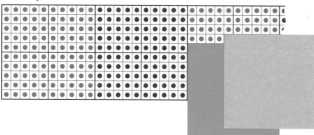

b)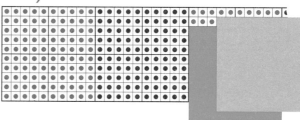

c)

d)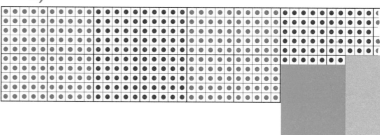

② Lege mit Zahlenkarten. Schreibe wie im Beispiel.

S. 18, Nr. 2

H	Z	E
a) 4	3	2	400 + 30 + 2 = 432

a) H Z E / 4 3 2
b) H Z E / 3 0 6
c) H Z E / 1 9 0
d) H Z E / 6 2 7
e) H Z E / 5 0 8
f) H Z E /   7 5

③ Lege mit den abgebildeten Zahlenkarten dreistellige Zahlen.

a) Schreibe sie auf. Zeige sie im Tausenderfeld.

b) Beantworte die Fragen.

Welches ist die größte Zahl, die entstanden ist?

Welches ist die kleinste Zahl, die entstanden ist?

Wie viele Zahlen größer als 650 findest du?

Wie viele Zahlen kleiner als 600 findest du?

Wie viele Zahlen mit der Einerstelle Null hast du gefunden?

In welcher Stelle kommt die größte Ziffer vor?

In welcher Stelle kommt die kleinste Ziffer vor?

Welche Zahlen mit drei gleichen Ziffern kannst du bilden?

1–2 Wechsel zwischen den Darstellungsformen Tausenderfeld, Zahlenkarten, Stellentafel;
3 Zahlen aus Zahlenkarten legen, Fragen beantworten

④ Schreibe die Zahlen mit Ziffern in dein Heft.

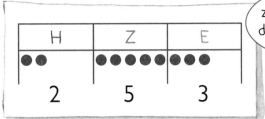

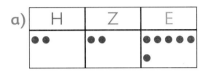

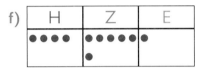

⑤ Stelle die Zahlen mit Plättchen in der Stellentafel dar. Lege und zeichne.

a) 125, 323, 431, 350, 242, 503, 161, 404, 215, 422

b) Notiere zu jeder Zahl, wie viele Plättchen nötig sind. Was fällt dir auf?

⑥ Nele hat 12 Plättchen. Sie legt

5 Plättchen in die Hunderterspalte,

3 Plättchen in die Zehnerspalte und

2 Plättchen in die Einerspalte.

Dann entscheidet sie, wohin sie die beiden letzten Plättchen legt. Welche Zahlen können es sein?

⑦ Finde alle Zahlen, die du mit 3 Plättchen darstellen kannst.

a) Schreibe die Zahlen nach der Größe geordnet auf. Beginne mit der kleinsten Zahl.

b) Wie groß kann der Unterschied zwischen Zahlen, die aufeinanderfolgen, sein?

Zehn Hundertertafeln – eine Tausendertafel

Alle Hundertertafeln sind gleich aufgebaut.
Das weißt du von der Hundertertafel:

Alle Zahlen derselben Spalte haben dieselbe **Einerziffer**.

Alle Zahlen einer Zeile haben dieselbe **Zehnerziffer**.

Das zeigt die Tausendertafel:
Alle Zahlen einer Hundertertafel
haben dieselbe **Hunderterziffer**.

… bis auf die letzte Zahl.

① Auf der Tausendertafel

Einerschritte

Zehnerschritte

… bis auf die letzte Zahl.

Hunderterschritte

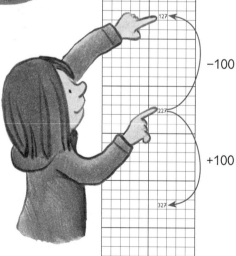

a) 148 + 1   148 − 1
   148 + 10   148 − 10
   148 +100   148 −100

b) 576 + 1   576 − 1
   576 + 10   576 − 10
   576 +100   576 −100

c) 839 + 1   839 − 1
   839 + 10   839 − 10
   839 +100   839 −100

② Bestimme Vorgänger und Nachfolger mit Hilfe der Tausendertafel.

S. 20, Nr. 2		
Vorgänger	Zahl	Nachfolger
a) 3 2 5	3 2 6	3 2 7

a) **326**, 347, 379, 391
b) 238, 360, 400, 499
c) 99, 399, 699, 999

20   1–2 Einsicht in Aufbau und Struktur der Tausendertafel gewinnen

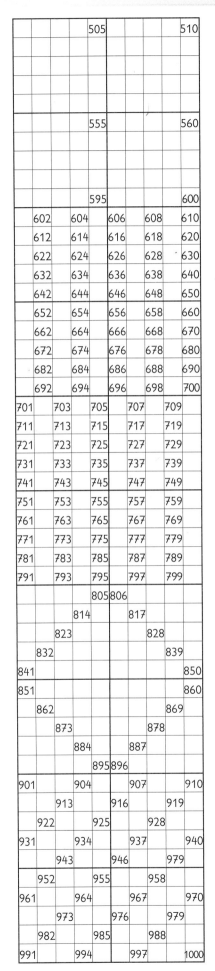

③ So findest du Zahlen auf der Tausendertafel sicher.

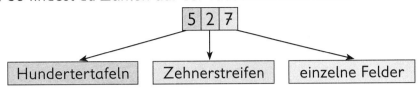

Notiere in einer Tabelle, wo die Zahlen liegen.
527, 413, 781, 305, 284, 570, 648

Zahl	Hundertertafeln	Zehnerstreifen	einzelne Felder
527	nach 5	nach 2	im 7.

④ a) In der 5. Hundertertafel sind neun Zahlen eingetragen. Was fällt an ihnen auf?

b) Welche Zahlen bilden in der 7. Hundertertafel das Streifenmuster?

c) Wie viele ungerade Zahlen kommen in jeder Hundertertafel vor?

d) Wie viele Hunderterzahlen kommen in der Tausendertafel vor?

e) Wie viele Zahlen mit der Endziffer 5 kommen auf der Tausendertafel vor?

⑤

a) Ziehe drei Kärtchen. Lege eine möglichst große Zahl.

b) Wie heißt die kleinste dreistellige Zahl, die du legen kannst? Beschreibe, wie du sie ganz leicht finden kannst.

c) Welche dreistelligen Zahlen kannst du mit denselben Kärtchen auch noch legen? Wie viele Zahlen sind insgesamt möglich?

⑥

Zu meiner Lieblingszahl gehören 4 Hunderter, 6 Zehner und 8 Einer.
Ali

Starte bei 273. Meine Zahl liegt 6 Hundertertafeln weiter an der gleichen Stelle.
Lea

3 Zahlen in der Tausendertafel planvoll suchen und finden; 4 „Muster" in der Tausendertafel sehen, verstehen, beschreiben; 5 Stellenwerte bei der Konstruktion dreistelliger Zahlen planvoll berücksichtigen; 6 Zahlen nach Beschreibung finden und benennen

Der Zahlenstrahl

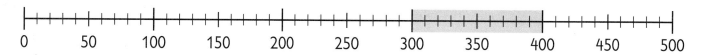

① Zeige am Zahlenstrahl.

a) 100, 300, 500, 700, 800, 900, 1000

b) 1000, 800, 600, 400, 200, 100, 0

c) 50, 100, 150, 200, 250, 300, 350

d) 750, 700, 650, 600, 550, 500, 450

② Zeige am Zahlenstrahl.

a) 337, 347, 357, 367, 377, 387, 397

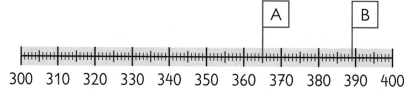

b) 702, 712, 722, 732, 742, 752, 762

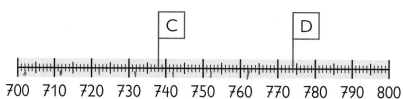

c) 938, 948, 958, 968, 978, 988, 998

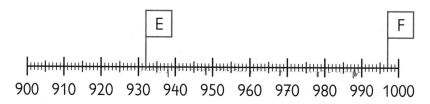

d) Schreibe die Zahlen A–F in dein Heft.

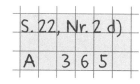

Schau genau hin, besonders an der Einerstelle.

③ Ordne die Zahlen nach der Größe. Beginne mit der größten Zahl.
746, 564, 764, 476, 832, 1000, 546, 557, 645, 653

S. 22, Nr. 3
1 0 0 0,

④ Bestimme am Zahlenstrahl. Schreibe in dein Heft.

a) Nachbarzahlen

122	123	124
	256	
	367	
	698	
	799	
	900	

b) Nachbarzehner

120	123	130
	256	
	367	
	698	
	799	
	900	

c) Nachbarhunderter

100	123	200
	256	
	367	
	698	
	799	
	900	

Den Zahlenstrahl als weitere Darstellung des Tausenderraums verstehen;
1–2 Zahlen verorten; 3 Zahlen nach der Größe ordnen;
4 benachbarte Zahlen (Einer/Zehner/Hunderter) notieren

5 a) Vergleiche. Setze <, = oder > ein.

b) Wie bist du vorgegangen? Schreibe die passenden Sätze in der richtigen Reihenfolge in dein Heft.

642 ◯ 357
396 ◯ 398
590 ◯ 791
849 ◯ 850
409 ◯ 490
759 ◯ 987

Die Zehnerstelle muss ich immer vergleichen.

Die Zehnerstelle muss ich nur vergleichen, wenn die Hunderterstelle gleich ist.

Wenn Hunderterstelle und Zehnerstelle gleich sind, muss ich nur die Einerstelle vergleichen.

Ich vergleiche zuerst die Einerstelle.

Ich vergleiche immer zuerst die Hunderterstelle.

Wenn die Hunderterstelle verschieden ist, weiß ich die Lösung schon.

6 Weiter mit gleich großen Schritten. Orientiere dich am Zahlenstrahl.

a) 760, 770 bis 840
b) 930, 925 bis 905
c) 325, 350 bis 475
d) 165, 180 bis 225
e) 310, 420 bis 860
f) 998, 987 bis 932

7 Vorwärts und rückwärts

a) zur Zehnerzahl

127 + 3 = 130
127 − 7 = 120

273 + __ = __
273 − __ = __

384 + __ = __
384 − __ = __

697 + __ = __
697 − __ = __

b) zur Hunderterzahl

340 + 60 = 400
340 − 40 = 300

530 + __ = __
530 − __ = __

720 + __ = __
720 − __ = __

860 + __ = __
860 − __ = __

8 Wie geht es weiter?

a) 680 + 20
570 + 30
460 + 40
___ + ___

b) 280 + 20
370 + 30
460 + 40
___ + ___

c) 387 + 3
387 + 23
387 + 43
___ + ___

d) 174 − 4
174 − 14
174 − 24
___ − ___

e) 320 − 20
430 − 30
540 − ___
___ − ___

9 a) Schreibe alle Zahlen zwischen 500 und 600 mit der Zehnerziffer 8 auf.

b) Welche Zahlen zwischen 700 und 800 haben eine gerade Zehnerziffer und die 5 als Einerziffer?

5 dreistellige Zahlen vergleichen, die Vorgehensweise beschreiben;
6 Zahlenfolgen m.H. des Zahlenstrahls fortsetzen; 7 zur benachbarten Zehnerzahl/Hunderterzahl rechnen;
8 Muster sehen und nutzen; 9 beschriebene Zahlen finden

Das kann ich schon!

① Den Zahlenraum bis 1000 erweitern

a) Wie viele Zehner bilden einen Hunderter?
b) Wie viele Hunderter bilden einen Tausender?
c) Wie viele Zehner bilden einen Tausender?

1 Hunderter = ___ Zehner
1 Tausender = ___ Hunderter

② Die Zahlen bis 1000 darstellen

Zeichne die Zahlbilder und schreibe die passende Plusaufgabe in dein Heft.

4 2 3

a) 6 1 5   3 2 0   5 3 5
b) 4 1 6   2 7 2   3 4 7

③ Welche Zahlen sind dargestellt? Schreibe sie in dein Heft.

a)

b)

④ Schreibe die Zahlen mit Ziffern in dein Heft.

a) H: ●● | Z: ●●●●● | E: ●
b) H: ●●● | Z: ● | E: ●●●
c) H: ●●●●●● | Z: | E:
d) H: ●●●● | Z: | E: ●●●
e) H: ●●● | Z: ●●●● | E: ●●●●
f) H: ●●●● | Z: ●●●● | E: ●●

g) Stelle die Zahlen in der Stellentafel dar.
213, 402, 420, 204, 240, 411, 510

h) Finde eigene dreistellige Zahlen, die sich mit 6 Plättchen darstellen lassen.

24

1 Einsicht in den Aufbau des erweiterten Zahlenraums nachweisen;
2 Zahlen darstellen; 3 Zahlen am Tausenderfeld bestimmen;
4 zwischen verschiedenen Darstellungsformen wechseln

(5) Nele legt 9 Plättchen in die Stellentafel.
Schreibe in dein Heft, was möglich ist.

a) Sie legt in jede Spalte gleich viele Plättchen.
b) Sie legt eine Zahl, die größer als 900 ist.
c) Sie legt eine Hunderterzahl.
d) Sie legt in jede Spalte Plättchen.
e) Sie legt in zwei Spalten Plättchen und die Zahl ist < 20.

(6) Schreibe in dein Heft.

a) Welche Hundertertafel aus der Tausendertafel ist abgebildet?
b) Welcher Buchstabe steht für welche Zahl?
c) Ordne die Zahlen nach ihrer Zehnerziffer. Beginne mit der Zahl, deren Zehnerziffer am kleinsten ist.

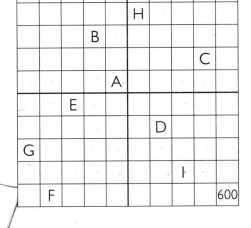

(7) Lege dreistellige Zahlen.
Wähle zu jedem Auftrag jeweils passende Kärtchen.
Schreibe die Zahlen in dein Heft.

a) Lege die größtmögliche Zahl.
b) Lege die größtmögliche gerade Zahl.
c) Lege die kleinstmögliche Zahl.
d) Wie viele verschiedene Zahlen < 600 kannst du legen?

(8) Am Zahlenstrahl

Schreibe 5 Zahlen, die auf dem abgebildeten Ausschnitt des Zahlenstrahls liegen.
Jede Ziffer von 0 bis 9 soll mindestens einmal vorkommen.

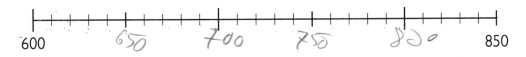

Längen – m, cm

① Wie lang ungefähr? Wie hoch, wie breit?

1 Meter = 100 Zentimeter
1 m = 100 cm
1 Meter = 10 Dezimeter
1 m = 10 dm

② Übertrage die Tabelle in dein Heft und ergänze. Schreibe in Metern.

	m	dm	cm
920 cm	9	2	0
345 cm			
204 cm			
67 cm			
48 cm			

Das Komma trennt Meter und Zentimeter.

③ Ergänze. Schreibe in dein Heft wie im Beispiel.

213 cm	=	2 m 13 cm	=	2,13 m
	=		=	1,40 m
138 cm	=		=	
	=	1 m 29 cm	=	
208 cm	=		=	
	=	3 m 4 cm	=	

④ Zeichne die Strecken mit Kreide auf den Schulhof.

2 m   3 m 40 cm   1,15 m   303 cm

1 Längen einschätzen;
2–3 Maßangaben in verschiedenen Formen notieren;
4 große Strecken zeichnen

Längen – cm, mm

① a) Welche Stifte sind kürzer als 55 mm?
b) Welche Stifte sind länger als 80 mm?
c) Bestimme die genaue Länge der Stifte.

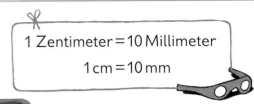
1 Zentimeter = 10 Millimeter
1 cm = 10 mm

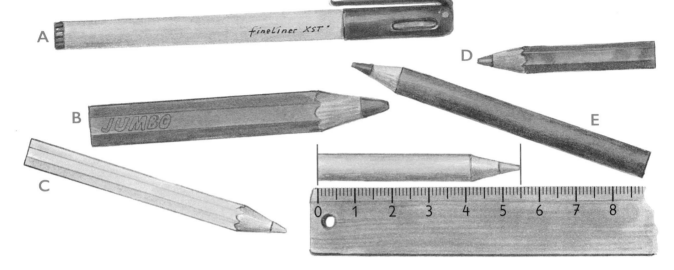

② a) Zeichne Strecken in dein Heft.
Gib die Länge in cm und mm an.

15 mm   23 mm   48 mm
60 mm   123 mm   105 mm

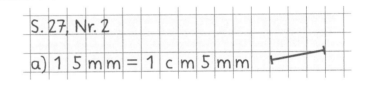

b) Zeichne die Strecken in dein Heft. Notiere die Längen in Millimeter.

2 cm 5 mm   6 cm 8 mm   10 cm 4 mm   15 cm 2 mm   8 cm 3 mm   9 cm 7 mm

③ Übertrage die Tabelle in dein Heft und ergänze. Schreibe in cm.

	cm	mm
26 mm	2	6
75 mm		
40 mm		
7 mm		
106 mm		
214 mm		

Das Komma trennt auch Zentimeter und Millimeter.

④ Ergänze. Schreibe in dein Heft wie im Beispiel.

72 mm =	7 cm 2 mm	= 7,2 cm
54 mm =		=
	=	= 6,7 cm
	=	= 14,8 cm
	= 9 cm 1 mm	=
	= 15 cm 4 mm	=
234 mm =		=

⑤ Längenmaße können unterschiedlich geschrieben werden.
Schreibe die Längen mit Komma und ordne sie

a) von klein nach groß.
7 m, 70 cm, 7 cm, 77 m, 7 m 70 cm

b) von groß nach klein.
3 cm, 50 cm, 5 m, 35 m, 3 m 50 cm, 35 cm

1 Längen bestimmen und vergleichen;
2 Strecken in vorgegebener Länge zeichnen;
3–5 Maßangaben in verschiedenen Formen notieren

Längen – km, m

① Jan und Max sind viel unterwegs.
Wie viele Kilometer sind es?

a) Jan geht morgens zur Schule und mittags zurück.

b) Jan fährt am Nachmittag zum Sportplatz und abends wieder zurück.

c) Max fährt morgens mit dem Schulbus zur Schule und mittags wieder zurück.

d) Max soll Brot im Supermarkt kaufen und besucht auf dem Rückweg noch Jan.

e) Max fährt mehr als 4 km und weniger als 8 km. Welcher Weg ist möglich?

f) Finde eigene Wege und schreibe Aufgaben für deinen Partner.

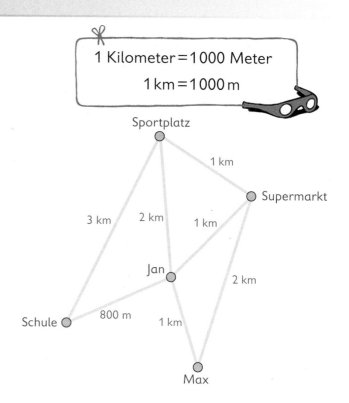

1 Kilometer = 1000 Meter
1 km = 1000 m

② Alle Kinder haben unterschiedlich lange Schulwege.
Zeichne die Tabelle in dein Heft und fülle sie aus.

Max: 1 km 800 m
Jan: 800 m
Mio: 950 m
Lea: 875 m
Anna: 2 000 m
Tim: 1 km 120 m
Ali: 1 050 m
Mia: 2 km 25 m

Name	km	100 m	10 m	1 m
Max	1	8	0	0
Jan				
Mio				

Das Komma trennt Kilometer und Meter.

③ Bestimmt die Länge eurer Schulwege. Überlegt, wie ihr vorgehen könnt.
Ordnet eure Schulwege der Länge nach und erstellt ein Plakat.

④ Längenmaße können unterschiedlich geschrieben werden.
Schreibe die Längen mit Komma und ordne sie

a) von groß nach klein.

2 km 20 m
220 m
20 km
0 km 202 m
2 002 m

b) von klein nach groß.

6 540 m
6 504 m
6 km 45 m
6 054 m
6 km 450 m

5 Tom und Anna wohnen im gleichen Haus. Sie brauchen unterschiedlich viel Zeit.
Notiere jeweils eine Rechnung und Antwort.

a) Der Schulweg ist 2 km lang.

b) Zum Schwimmbad sind es 3 km.

c) Zum Supermarkt sind es 5 km.

d) Der Weg zum Spielplatz ist 1 km und 500 m lang.

e) Oma wohnt 4 km und 500 m weit weg.

f) Vergleiche die Wegzeiten der beiden Kinder.

6 Schreibe als Kommazahl.

a) 3 km 800 m b) 13 km 500 m c) 8 km 400 m d) 15 km 200 m

e) 9 km 300 m f) 10 km 100 m g) 5 km 700 m h) 23 km 500 m

7 Ergänze. Schreibe in dein Heft wie im Beispiel.

5000 m = 5 km	0 m = 5,000 km
4 200 m = ___ km	___ m = ___ km
___ = 1 km 230 m	= ___ km
___ = 6 km 800 m	= ___ km
___ = ___ km	___ m = 7,600 km
___ = ___ km	___ m = 3,420 km
75 m = ___ km	___ m = ___ km

8

5 m lang   15 m lang   20 m lang

Ein Auto ist ungefähr 5 Meter, ein Bus 15 Meter und ein LKW 20 Meter lang.
Die Fahrzeuge stehen in einem Stau. Der Abstand der Fahrzeuge beträgt ungefähr 1 m.

a) Wie viele Autos können ungefähr in einem 1 km langen Stau stehen?

b) Wie viele LKWs stehen ungefähr in einem 1 km langen Stau?

c) Wie viele Autos und Busse stehen ungefähr in einem 1 km langen Stau?

•☐•d) Denke dir eine eigene Aufgabe aus. Notiere deinen Lösungsweg und stelle ihn einem Partner vor.

Gewichte – kg, g

① Vergleiche die Gegenstände und ordne von leicht nach schwer.

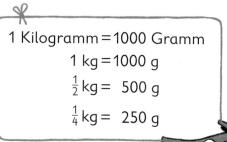

1 Kilogramm = 1000 Gramm
1 kg = 1000 g
$\frac{1}{2}$ kg = 500 g
$\frac{1}{4}$ kg = 250 g

Ich vergleiche das Gewicht von Kreide und Trinkbecher.

② Überprüfe deine Vermutungen aus Aufgabe 1 mit einer Waage.

Gewichte messen wir in Kilogramm und Gramm.

Tafelwaage   Küchenwaage   Balkenwaage   Personenwaage

Messgeräte für Gewichte

③ a) Wiegt eure Schulranzen mit Inhalt.
　•☐• b) Vergleicht. Welches Gewicht hat der schwerste, welches der leichteste Ranzen?
　c) Findet heraus, wie viel ein Schulranzen höchstens wiegen darf.

Mein Schulranzen wiegt 4 kg.

1 Gegenstände nach ihrem Gewicht ordnen; 2 verschiedene Waagen kennenlernen, Einschätzungen zu Nr. 1 überprüfen; 3 Schulranzen wiegen und vergleichen, Informationen über das zulässige Höchstgewicht z. B. im Internet einholen

④ Vergleiche die Gegenstände und ordne von leicht nach schwer.

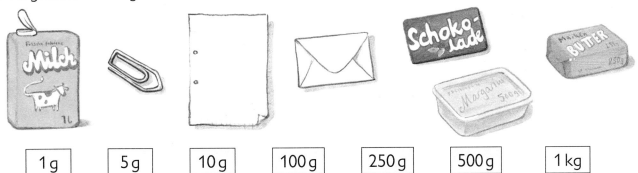

| 1 g | 5 g | 10 g | 100 g | 250 g | 500 g | 1 kg |

⑤ An der Waage
Stelle das Gleichgewicht her. Schreibe als Plus- oder Minusaufgabe.

Gewichtssteine hinzufügen oder wegnehmen.

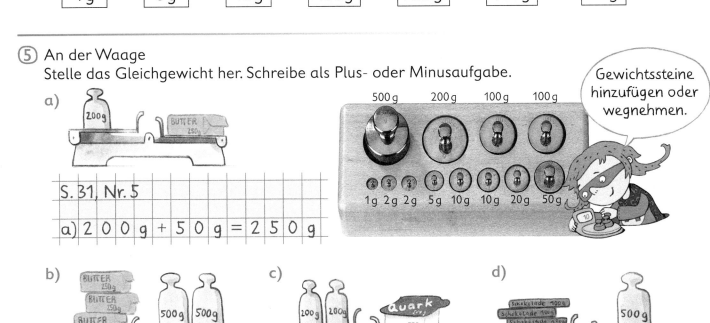

S. 31, Nr. 5
a) 200 g + 50 g = 250 g

⑥ a) Wie viel wiegt eine Banane?

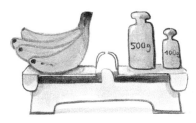

b) Was ist schwerer? Eine Banane oder eine Birne?

c) Wie viele Birnen ungefähr?

d) Wie viel wiegt diese Melone?

e) Vergleiche das Gewicht von Äpfeln und Bananen.

f) Wie schwer ist die Ananas?

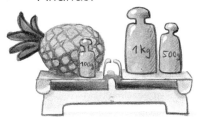

4 Gewichtsangaben zuordnen, Referenzgrößen aufnehmen und verankern;
5 Gleichgewicht herstellen;
6 Gewichte berechnen und vergleichen

Rechnen mit Gewichten

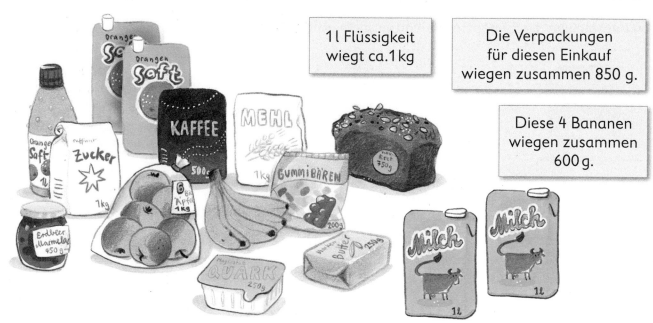

1 l Flüssigkeit wiegt ca. 1 kg

Die Verpackungen für diesen Einkauf wiegen zusammen 850 g.

Diese 4 Bananen wiegen zusammen 600 g.

① Jan und Maria gehen einkaufen.

a) Wie schwer ist der gesamte Einkauf?

b) Sie wollen nicht mehr als 2 kg in eine Einkaufstasche packen. Wie viele Taschen brauchen sie?

c) Beide wollen gleich viel tragen. Wie viel kg sind das? Wie können sie den Einkauf verteilen?

② Zusammen immer 1 kg. Ergänze.

a) 500 g + ___ g = 1000 g
200 g + ___ g = 1000 g
400 g + ___ g = 1000 g
300 g + ___ g = 1000 g

b) 650 g + ___ g = 1 kg
850 g + ___ g = 1 kg
450 g + ___ g = 1 kg
720 g + ___ g = 1 kg

c) 1 kg = ___ g + 300 g
1 kg = ___ g + 230 g
1 kg = ___ g + 480 g
1 kg = ___ g + 880 g

③ <, = oder >? Stelle dir die Waage vor.

a) 500 g ○ $\frac{1}{2}$ kg
150 g ○ $\frac{1}{2}$ kg
660 g ○ $\frac{1}{2}$ kg
930 g ○ $\frac{1}{2}$ kg

b) 500 g ○ 1 kg
350 g ○ 1 kg
750 g ○ 1 kg
950 g ○ 1 kg

c) $\frac{1}{2}$ kg ○ 635 g
$\frac{1}{2}$ kg ○ 725 g
$\frac{1}{2}$ kg ○ 198 g
$\frac{1}{2}$ kg ○ 412 g

d) 1 kg ○ 430 g
1 kg ○ 780 g
1 kg ○ 965 g
1 kg ○ 1500 g

④ Ergänze.

a) 15 g + ___ g = 100 g
26 g + ___ g = 100 g
48 g + ___ g = 100 g
34 g + ___ g = 100 g

b) 150 g + ___ g = 500 g
260 g + ___ g = 500 g
450 g + ___ g = 500 g
340 g + ___ g = 500 g

c) 375 g + ___ g = $\frac{1}{2}$ kg
480 g + ___ g = $\frac{1}{2}$ kg
246 g + ___ g = $\frac{1}{2}$ kg
304 g + ___ g = $\frac{1}{2}$ kg

1 Sachaufgaben lösen;
2, 4 Ergänzungsaufgaben;
3 Gewichtsangaben vergleichen

Gewichtsangaben werden oft als Kommazahlen geschrieben.
Die Tabelle hilft beim Umwandeln.

1 kg	100 g	10 g	1 g
1	0	0	0
	5	0	0
	1	0	0
		1	0

1000 g = 1,000 kg
500 g = 0,500 kg
100 g = 0,100 kg
10 g = 0,010 kg

An nicht besetzten Stellen muss immer die Null stehen.

⑤ Wie viel kg? Schreibe als Kommazahl.

a) 200 g = ____ kg
   300 g = ____ kg
   400 g = ____ kg
   600 g = ____ kg
   800 g = ____ kg

b) 360 g = ____ kg
   450 g = ____ kg
   540 g = ____ kg
   630 g = ____ kg
   720 g = ____ kg

c) 50 g = ____ kg
   550 g = ____ kg
   250 g = ____ kg
   150 g = ____ kg
   5 g = ____ kg

⑥ Wie viel Gramm?

a) 0,500 kg = ____ g
   0,050 kg = ____ g
   0,005 kg = ____ g

b) 0,750 kg = ____ g
   0,075 kg = ____ g
   0,007 kg = ____ g

c) 0,250 kg = ____ g
   0,400 kg = ____ g
   0,070 kg = ____ g

⑦ Gewichtsangaben können unterschiedlich geschrieben werden.
Schreibe die Gewichtsangaben mit Komma und ordne sie von leicht nach schwer.

1151 g   5151 g   1 kg 15 g   515 g   1 kg 510 g   115 g

⑧ Tim ist leichter als Tom.

Lea wiegt 4 kg mehr als Naomi.

Tom wiegt 2 kg mehr als Naomi.

Naomi wiegt weniger als Tim.

a) Ordne die Kinder nach ihrem Gewicht.
Beginne mit dem schwersten Kind.

b) Auf dieser Waage stand Tom.
Wie viel kg wiegt Lea?
Wie viel kg wiegt Naomi?
Wie groß ist das Gewicht von Tim ungefähr?

c) Suche dir drei Kinder aus deiner Klasse.
Schreibe selbst eine Aufgabe. Nutze die Personenwaage.

Das kann ich schon!

① Längenmaße und Rechnen mit Längen

a)  Notiere Beispiele:
So lang wie …
So breit wie …
So hoch wie…
So weit wie …

b) Schreibe in m und cm.
124 cm
500 cm
903 cm
1000 cm

c) Wie viele km und m?
4,2 km
15,6 km
2000 m
1,9 km

d) Schreibe als Kommazahl.
7 km 600 m
14 km 500 m
23 km 700 m
25 km 70 m

e) Addiere: 2,20 m + 70 cm
3 m 50 cm + 1,2 m
5,6 km + 300 m
8 km 600 m + 1,4 km

f) Zusammen 20 km
12 km 400 m + _____
8 km 850 m + _____
5000 m + _____
930 m + _____

g) Ordne. Beginne mit der kürzesten Strecke.

2,5 cm   45 cm   40 mm   0,75 m   ½ m

② Messen und zeichnen

a) Gib die Länge der Strecken in cm und mm an.

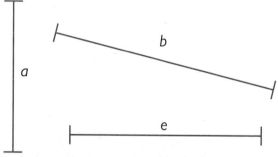
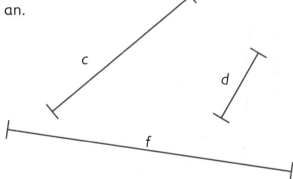

b) Zeichne Strecken auf ein weißes Blatt Papier. Gib die Länge in cm und mm an.
25 mm   121 mm   14 cm 3 mm   7 cm 9 mm   70 mm   48 mm

c) Welche Schilder bezeichnen die gleiche Länge? Notiere.

③ Gewichte – kg, g

a) Ergänze. Schreibe die Sätze in dein Heft.

| Die Salami wiegt ___ g. | Der Käse wiegt ___ g. | Der Frischkäse wiegt ___ g. | Das Brot wiegt ___ g. |

b) Ordne nach dem Gewicht.   c) Wie viel fehlt jeweils bis zu 1 kg?

d) Welcher Einkauf ergibt genau 1 kg?

④ Gewichte und Rechnen mit Gewichten

a) Ergänze.

25 g + ___ g = 100 g   200 g + ___ g = 1 kg
73 g + ___ g = 100 g   850 g + ___ g = 1 kg
18 g + ___ g = 100 g   50 g + ___ g = 1 kg
64 g + ___ g = 100 g   360 g + ___ g = 1 kg

b) Wie viel Kilogramm? Schreibe als Kommazahl.

500 g = ___ kg   240 g = ___ kg   450 g = ___ kg
900 g = ___ kg   550 g = ___ kg   50 g = ___ kg
700 g = ___ kg   660 g = ___ kg   5 g = ___ kg

c) Wie viel Gramm?

0,300 kg = 300 g   0,550 kg = ___ g   0,350 kg = ___ g
0,030 kg = 30 g   0,055 kg = ___ g   0,070 kg = ___ g
0,003 kg = 3 g   0,005 kg = ___ g   0,707 kg = ___ g

d) Welche Gewichtssteine stehen auf den Waagen?

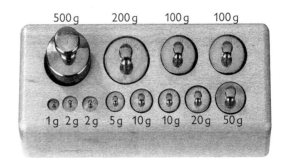

A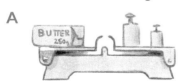

B    C

Addition mit großen Zahlen

① Im Kinosaal ist Platz für 650 Zuschauer.

a) 370 Plätze sind schon besetzt. Wie viele freie Plätze gibt es noch?

b) In der Warteschlange an der Kinokasse stehen noch 70 Personen. Wie viele Plätze bleiben voraussichtlich unbesetzt?

② Schau genau hin. Nutze beim Rechnen die Veränderungen.

a) 40 + 30	b) 630 + 50	c) 420 + 40	d) 560 + 20	e) 850 + 40
340 + 30	637 + 50	420 + 48	560 + 26	855 + 40
343 + 30	637 + 55	422 + 48	564 + 26	855 + 45
343 + 37	637 + 58	425 + 48	564 + 29	858 + 45

f) 710 + 60	g) 330 + 50	h) 920 + 40	i) 631 + 20	j) 537 + 21
725 + 60	335 + 50	920 + 60	641 + 26	557 + 21
737 + 60	342 + 50	925 + 70	651 + 26	557 + 31
742 + 60	352 + 50	929 + 71	661 + 29	587 + 51

③ Übertrage die Tabellen in dein Heft und rechne sie aus.

a)
+	40	50	70
460			
660			
860			

b)
+	20	40	60
620			
690			
790			

c)
+	35	55	65
765			
785			
795			

④ a) 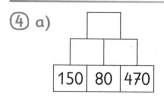   b)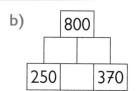

c) 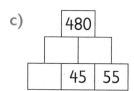   d)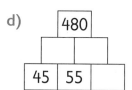

⑤ Finde mehrere Zahlenmauern mit den Zahlen 1000, 630 und 115.

⑥ Wie rechnen die Kinder weiter?
Schreibe die Aufgaben vollständig auf und berechne das Ergebnis.

⑦ a) 354 + 199   b) 238 + 50   c) 420 + 47   d) 508 + 97   e) 209 + 198
   467 + 199   479 + 50   420 + 56   617 + 83   324 + 278
   643 + 299   578 + 55   422 + 38   627 + 93   440 + 468
   586 + 299   789 + 58   425 + 64   777 + 88   666 + 333

288 407 460 467 476 489 529 553 602 605 625 633 666 700 720 847 865 885 908 942 999

⑧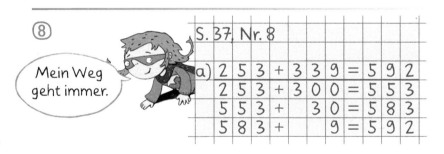

a) 253 + 339   b) 728 + 237
   647 + 248   545 + 356
   316 + 283   457 + 476
   434 + 479   249 + 534

592 599 744 783 895 901 913 933 965

⑨ Rechne geschickt.
a) 334 + 217 + 166   b) 285 + 305 + 195   c) 199 + 299 + 399
   576 + 158 + 224   473 + 207 + 193   398 + 298 + 198
   438 + 156 + 244   356 + 214 + 286   97 + 297 + 497
   257 + 365 + 235   198 + 222 + 478   496 + 296 + 196

717 785 838 856 857 873 891 894 897 898 958 968 988

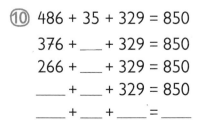

⑩ 486 + 35 + 329 = 850
   376 + ___ + 329 = 850
   266 + ___ + 329 = 850
   ___ + ___ + 329 = 850
   ___ + ___ + ___ = ___

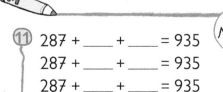

⑪ 287 + ___ + ___ = 935
   287 + ___ + ___ = 935
   287 + ___ + ___ = 935
   287 + ___ + ___ = 935

Finde viele Möglichkeiten.

Überschlag

① a) Familie Berger möchte den Basketballkorb und den Basketball kaufen.
Sie hat 150 €. Vor dem Einkauf überschlägt der Vater den Preis.
Reicht das Geld?

```
S. 38, Nr. 1

a) Ü: 1 0 0 € + 4 0 € =     €
   Das Geld
```

Der Korb kostet etwa 100 €, der Ball etwa 40 €.

b) Familie Sand kauft zwei Klapproller und das Boccia-Spiel.
Wie viel Geld benötigt sie ungefähr? Schreibe den Überschlag auf.

c) Tom kauft die Inlineskates und das Federballspiel.
Berechne mit einem Überschlag, wie viel er ungefähr bezahlen muss.

② Wie viel Geld braucht Super M ungefähr?
Schreibe die Überschlagsrechnung auf.

Ich wünsche mir Inlineskates, einen Klapproller und einen Basketballkorb.

③ Anna hat zum Geburtstag 60 € bekommen.
Sie überlegt, was sie sich von dem Geld kaufen kann.
Finde verschiedene Möglichkeiten.
Notiere nur die Überschläge.

④ Überprüfe die Rechnung.

Überschläge helfen.
Vor dem Rechnen:
– schnell rechnen mit einfachen Zahlen,
– das ungefähre Ergebnis wissen.
Nach dem Rechnen:
– Ergebnis und Überschlag vergleichen.

⑤ Wie groß ist das Ergebnis ungefähr? Mache einen Überschlag und ordne zu.

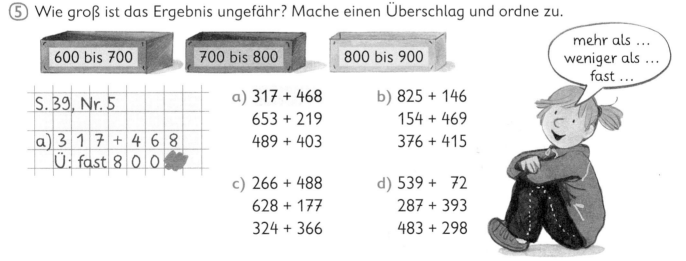

a) 317 + 468
653 + 219
489 + 403

b) 825 + 146
154 + 469
376 + 415

c) 266 + 488
628 + 177
324 + 366

d) 539 + 72
287 + 393
483 + 298

⑥ Bei welcher Aufgabe weißt du sofort, dass das Ergebnis falsch ist?
Begründe mit einem Überschlag.

S. 39, Nr. 6
a) 5 6 3 + 2 5 7 = 7 2 0 f, denn
   5 6 0 + 2 0 0 ist schon > 7 2 0.

a) 563 + 257 = 720
762 + 168 = 830
627 + 184 = 811
493 + 329 = 722
555 + 389 = 944

b) 432 + 109 = 641
376 + 456 = 932
707 + 186 = 893
536 + 385 = 921
326 + 458 = 884

Schriftlich addieren

Anna wünscht sich einen MP3-Player für 138 €, ihr Bruder Tom möchte ein Radio mit CD-Player für 157 €. Wie viel kostet beides zusammen?

① Lege und schreibe in eine Stellentafel. Rechne wie Tom.

a) 121 € + 234 €   b) 335 € + 246 €   c) 448 € + 306 €   d) 743 € + 238 €

e) 507 € + 288 €   f) 624 € + 259 €   g) 827 € + 109 €   h) 289 € + 576 €

② Rechne im Heft.

a) H Z E   b) H Z E   c) H Z E   d) H Z E   e) H Z E
    4 7 5   5 3 9   3 5 7   4 1 6   6 2 8
  + 3 1 4   + 2 2 2   + 4 5 1   + 5 0 9   + 3 4 5

③ Alex und Lena haben zusammen 560 € gespart.
Beide besitzen Hunderterscheine, Zehnerscheine und 1-€-Münzen. Was kann sein?

Alex			Lena		
2	8	5	2	7	5

S. 40, Nr. 3
285 € + 275 € = 560 €

④ Rechne wie im Beispiel.

a)	H	Z	E
	4	3	5
+	3	1	7

b)	H	Z	E
	2	4	8
+	6	4	5

c)	H	Z	E
	1	6	5
+	4	2	7

d)	H	Z	E
	8	3	2
+	1	4	9

e)	H	Z	E
	3	2	6
+	4	5	8

⑤ Achte auf die Überträge.

a) 366   b) 532   c) 504   d) 336   e) 227
  + 327   + 386   + 356   + 408   + 435

622   662   693   744   860   918

f) 487   g) 579   h) 668   i) 417   j) 378
  + 378   + 226   + 284   + 285   + 436

702   762   805   865   952   814

Übertrag immer notieren.

⑥ Addiere schriftlich.

a) 327 + 128   b) 336 + 107   c) 414 + 77

d) 448 + 225   e) 208 + 555   f) 327 + 68

Stellengerecht schreiben:
Hunderter unter Hunderter
Zehner unter Zehner
Einer unter Einer

⑦ Zusammen immer 517. Beide Zahlen sollen dreistellig sein.
Finde eigene Aufgaben und notiere sie in deinem Heft:

a) mit einem Übertrag   b) mit zwei Überträgen

⑧ Wie geht es weiter? Beschreibe das Muster.

128   128   128   128   128   128
+ 153   + 203   + 253   + ___   + ___   + ___

Erklärung des Verfahrens als Folge vorgegebener Schritte, Vereinbarung zur Notation des Übertrags;
4–6 Übungsaufgaben; 7 Zerlegungen für eine vorgegebene Summe finden;
8 „Muster" fortsetzen

Schriftlich addieren üben

① Überschlage zuerst im Kopf, wie groß dein Ergebnis ungefähr wird.
Schreibe dann stellengerecht untereinander und addiere schriftlich.

a) 128 + 563
276 + 215
674 + 119

b) 236 + 457
467 + 328
559 + 234

c) 607 + 335
809 + 143
403 + 369

491 494 622 691 693 693 712 772 792 793 793 795 812 897 942 942 952 991 997

d) 58 + 436
379 + 314
66 + 726

e) 384 + 607
604 + 208
837 + 105

f) 495 + 217
698 + 199
107 + 515

② a) 248 + 381
486 + 472
532 + 385

b) 398 + 141
534 + 284
777 + 141

c) 450 + 376
333 + 484
799 + 120

d) 55 + 482
136 + 793
68 + 871

e) 362 + 147
784 + 121
545 + 362

509 537 539 629 758 817 818 826 905 907 917 918 919 929 939 958

③ a) Addiere 726 und 275.

b) Verdopple 398.

c) Bilde die Summe aus 444 und 466.

d) Addiere zur Hälfte von 224 die Zahl 888.

e) Verdopple die Summe aus 187 und 245.

788 796 864 910 1000 1001

④ Addiere auch drei Summanden schriftlich.
Mache zuerst einen Überschlag.

a) 332
  + 126
  + 119

b) 612
  + 101
  + 168

c) 368
  + 272
  + 313

d) 283
  + 445
  + 256

e) 139
  + 342
  + 457

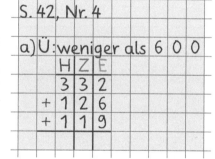

Hier ist der Übertrag größer als 1.

⑤ a) 463 + 174 + 295
b) 395 + 297 + 186
c) 167 + 458 + 293
d) 639 + 98 + 198
e) 548 + 299 + 85
f) 686 + 96 + 179
g) 709 + 107 + 108
h) 263 + 364 + 283

⑥ Finde nach diesem Muster eigene Aufgaben.

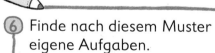
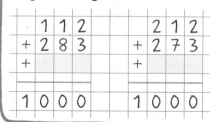

7 Im Kopf oder schriftlich? Schreibe nur die Aufgaben in dein Heft, die du schriftlich rechnest.

a) 398 + 448 b) 777 + 222 c) 586 + 257 d) 456 + 385

e) 303 + 440 f) 627 + 268 g) 450 + 480 h) 248 + 567

---

8 Vervollständige die Aufgaben.

a)   4 3 5
   +
     8 7 7

b)   2 4 8
   +
     7 8 4

c)   1 6 5
   +
     6 2 4

d)   8 3 2
   +
     9 0 0

e)   3 2 6
   +
     9 1 1

---

9 Findest du auch hier die fehlenden Zahlen?

a)   5 3
   + 3   6
     8 9

b)   3 6
   + 6 8
     8 4

c)   4 6
   +   8 2
     9   4

d)   4
   + 4 5
     8 0 0

e)   4
   + 3   6
     9 2 1

---

10 Richtig oder falsch? Welche Antwort passt?

S. 43, Nr. 10

   4 3 9
 + 2 1 3
   ―――
   6 4̸ 2 f C
     5

a)   327   b)   674   c)   267   d)   543   e)   195
   + 492   +   88   + 614   + 349   + 703
   ―――   ―――   ―――   ―――   ―――
     719 □   652 □   881 □   992 □   808 □

A Übertrag immer vergessen   D Rechenfehler in der Zehnerstelle
B Übertrag bei der Zehnerstelle vergessen
                                              G Alles richtig
F Übertrag zu viel
C Übertrag bei einer Stelle vergessen
                              E Rechenfehler in der Hunderterstelle

---

11 Triff die 1000

Material: Ziffernkarten von 1 bis 9
Ziel: Drei dreistellige Zahlen zu finden, deren Summe möglichst nahe bei 1000 liegt.

Spielregel
Beide Spieler legen die Ziffernkarten verdeckt vor sich hin. Abwechselnd ziehen sie jeweils drei Karten und legen daraus dreistellige Zahlen. Innerhalb der gelegten Zahlen dürfen die Ziffern vertauscht werden, bis der Spieler glaubt, dass die Summe seiner Zahlen möglichst nahe bei 1000 liegt. Es gewinnt der Spieler, dessen Ergebnis näher an 1000 liegt.

Immer wieder tauschen.

Eva schreibt:
   1 8 6
 + 4 2 9
 + 3 7 5
   ―――
   1 2
   9 9 0

Symmetrische Figuren

① Erkläre, wie die Figur entsteht.

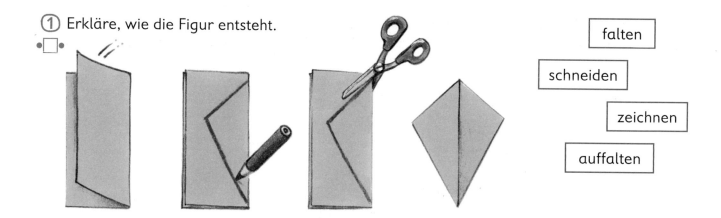

falten

schneiden

zeichnen

auffalten

② Stelle Figuren durch Faltschnitt her.
Klebe sie in dein Heft wie im Beispiel.
Zeichne die Faltachse mit dem Rotstift ein.

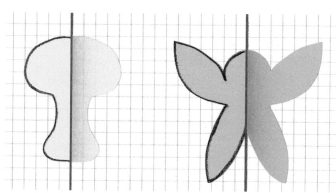

Beim Faltschnitt entstehen immer symmetrische Figuren.

Figuren sind symmetrisch, wenn sie mindestens eine Symmetrieachse besitzen.

③ Falte einen quadratischen Notizzettel zweimal in Folge zum Buch.
Schneide von dem entstandenen Quadrat eine Ecke ab und falte das Papier wieder auf.

Welches Bild ist möglich?
Gibt es eine Lösung oder verschiedene Möglichkeiten?

Notiere deine Entscheidung im Heft.
Versuche eine Begründung.

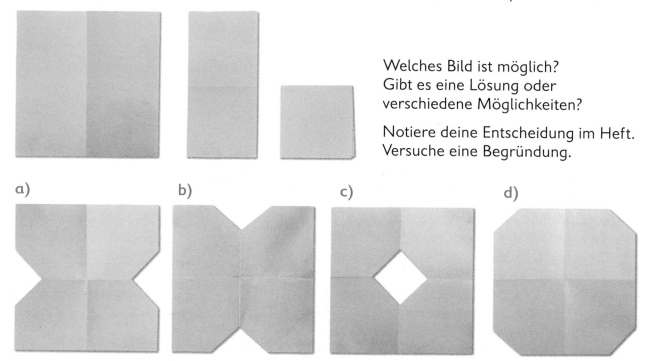

a)   b)   c)   d)

1 Entstehung eines Faltschnitts erklären;
2 Faltschnitte herstellen;
3 nach Vorschrift falten und schneiden, Möglichkeiten erproben, Vorgaben bewerten

④ Welche der Figuren sind achsensymmetrisch?
Überlege, wo eine Symmetrieachse liegen könnte. Beschreibe, was die Symmetrie stört.

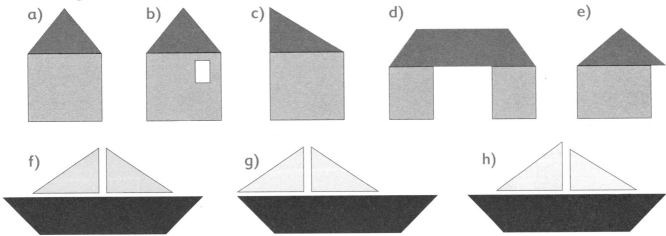

⑤ Welche geometrischen Grundformen sind achsensymmetrisch?

a) Übertrage die geometrischen Grundformen in dein Heft.
Wie viele Symmetrieachsen haben die verschiedenen Formen?
Zeichne sie mit Rotstift ein. Schreibe zu jeder Form einen Steckbrief wie im Beispiel.

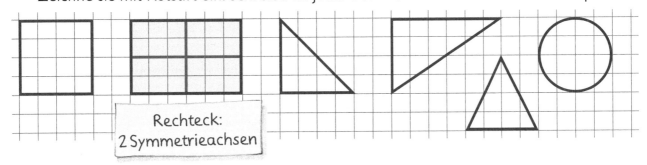

Rechteck:
2 Symmetrieachsen

b) Richtig oder falsch? Schreibe nur die Sätze ins Heft, die richtig sind.

– Ein Rechteck besitzt mindestens 2 Symmetrieachsen.

– Jedes Dreieck besitzt mindestens eine Symmetrieachse.

– Ein Quadrat besitzt mehr Symmetrieachsen als ein Kreis.

– Nicht jedes Dreieck besitzt eine Symmetrieachse.

⑥ So entsteht aus einem quadratischen Notizzettel ein Minipapierflieger. Baue ihn nach.

ein Buch falten   einen Flügel falten   den anderen symmetrisch falten   Rumpf falten

Warum ist bei Flugzeugen Symmetrie besonders wichtig?

Figuren auf Karopapier spiegeln

① Symmetrisch oder nicht symmetrisch?

a) Prüfe, ob die Teilfiguren rechts und links der Achse Spiegelbild füreinander sind.

b) Übertrage die Figur in dein Heft.

c) Prüfe durch Zählen am Karoraster, ob entsprechende Punkte symmetrisch zur Achse liegen.

d) Wie kann die Figur verändert werden, damit der Drachen symmetrisch wird?

② Übertrage die Zeichnungen in dein Heft und vervollständige sie.

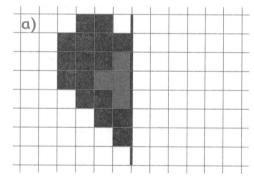
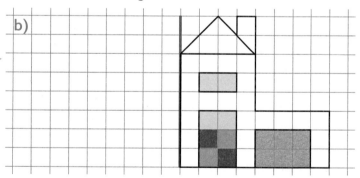

③ Übertrage die Zeichnungen in dein Heft. Ergänze symmetrisch. Benutze ein Lineal.

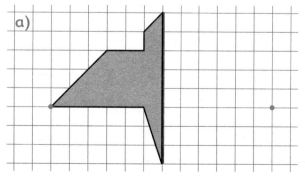
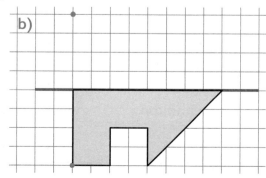

1–3 Karoraster als Werkzeug (zur Prüfung und zur Konstruktion von Mustern und Figuren) nutzen

Übungen mit dem Geobrett

① Spanne auf dem Geobrett und zeichne auf Punkteraster:

> Auf dem Geobrett lassen sich Formen mit Gummibändern rasch darstellen und verändern. Du kannst sie leicht auf Punkteraster zeichnen.

a) Dreiecke in verschiedener Form und Größe

b) Quadrate verschiedener Größe

c) Vierecke verschiedener Form und Größe, die keine Rechtecke sind

② Vergleiche die Bilder mit deinen Formen aus Aufgabe 1. Ergänze Formen, die bei dir noch nicht vorkommen.

a) 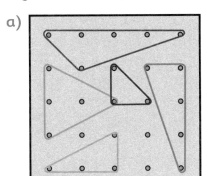 b) 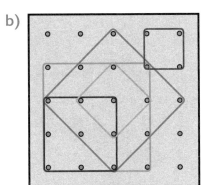 c)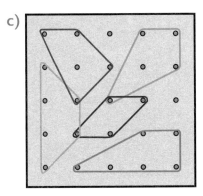

③ Spiegele auf dem Geobrett und zeichne auf dem Punkteraster.
■ Das rote Gummiband markiert die Symmetrieachse.
Was ist bei den Figuren b) bis f) falsch?

a) 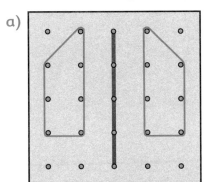 b) 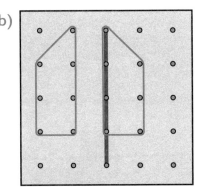 c)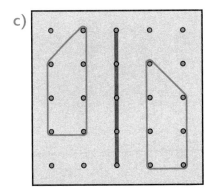

d) 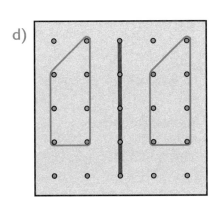 e) 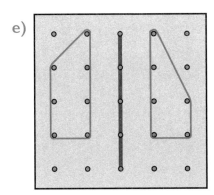 f)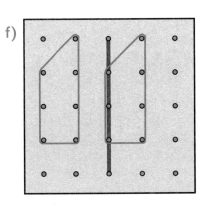

1 Formen auf dem Geobrett erzeugen;
2 Figuren mit eigenen Figuren vergleichen, Ergänzungen zeichnen;
3 Abbildungen auf Achsensymmetrie prüfen, „Störungen" fachgerecht beschreiben

Das kann ich schon!

Addition mit großen Zahlen

① Schreibe in dein Heft. Rechne im Kopf.

a)	30 + 40	b) 320 + 60	c) 352 + 43	d) 457 + 126
	630 + 40	320 + 68	437 + 63	285 + 409
	637 + 40	322 + 68	546 + 47	659 + 325
	637 + 43	337 + 68	628 + 74	583 + 348

② Schreibe deine Rechenschritte auf.

a) 630 + 46	b) 607 + 98	c) 628 + 337	d) 234 + ___ = 1000
537 + 56	316 + 84	456 + 445	345 + ___ = 1000
543 + 28	538 + 82	377 + 458	456 + ___ = 1000
546 + 37	666 + 77	586 + 219	789 + ___ = 1000

Manchmal reicht mir ein Schritt.

③ Rechne geschickt.

a) 326 + 199	b) 226 + 379 + 374	c) 359 + ___ + 241 = 863
463 + 299	563 + 184 + 137	476 + ___ + 224 = 985
635 + 198	278 + 436 + 222	278 + 356 + ___ = 756
584 + 298	331 + 358 + 269	331 + 367 + ___ = 967

Was genau verändert sich?

④ Aufgabenpaare
Berechne die Aufgaben.

a) Was fällt dir auf? Versuche das Muster zu beschreiben.

560 + 140	620 + 280	426 + 374	359 + 441
540 + 160	680 + 220	474 + 326	341 + 459

b) Schreibe die fehlenden Aufgaben nach demselben Muster. Rechne.

780 + 120	325 + 575	238 + 462	___ + ___
___ + ___	___ + ___	___ + ___	___ + ___

1 große Zahlen im Kopf addieren; 2 Rechenwege darstellen;
3 aufgabenbezogen geschickte Wege nutzen;
4 Aufgabenserie „mustergerecht" fortsetzen

⑤ Schriftlich addieren

a)
```
  3 2 5        4 3 7        3 7 5        6 7 3
+ 1 6 3      + 3 5 6      + 2 5 4      + 2 2 8
---------    ---------    ---------    ---------
```

b)
```
  6 4 7                      2 8 9
+                + 3 4 8    +            + 3 6 8
---------    ---------    ---------    ---------
  8 7 4        7 2 5        6 5 7        7 5 1
```

c)
```
    3 5         5 6           4 5         5 8
+ 4 5         +   3 4      + 2 6         +   1 8
---------    ---------    ---------    ---------
    9 2         8 1           1 3         9 2
```

⑥ Überschlag

Überschlage im Kopf. Welche Ergebnisse sind sicher falsch?
Notiere zu den Aufgaben mit falscher Lösung einen passenden Überschlag.

a) 276 + 325 = 601   b) 678 + 184 = 762   c) 549 + 247 = 896

d) 477 + 333 = 800   e) 368 + 465 = 833   f) 728 + 182 = 810

⑦ Achsensymmetrie

Übertrage die Figuren in dein Heft.

a) Zeichne die Symmetrieachsen.   b) Ergänze symmetrisch.

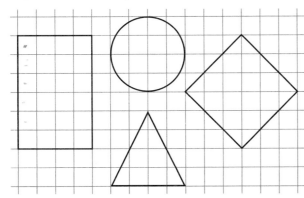
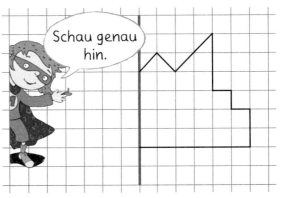

Schau genau hin.

c) Quadrate haben ___ Symmetrieachsen, Rechtecke ___ Symmetrieachsen.

Subtraktion mit großen Zahlen

① Rechne wie Naomi beim ersten Beispiel an der Tafel.
a) 376 – 27
   324 – 75
   432 – 83
b) 762 – 28
   584 – 57
   673 – 64
c) 571 – 34
   653 – 26
   732 – 17
d) 952 – 37
   854 – 26
   764 – 45

② Überlege am Rechenstrich, rechne wie Boris.
a) 572 – 36
   663 – 47
   965 – 26
b) 893 – 54
   784 – 55
   675 – 56
c) 653 – 37
   762 – 37
   971 – 37
d) 784 – 56
   684 – 46
   884 – 47

③ Übe den Weg, der immer sicher zum Ziel führt.
a) 985 – 58
   874 – 47
   763 – 36
b) 561 – 27
   753 – 44
   672 – 66
c) 674 – 37
   555 – 37
   863 – 37
d) 761 – 24
   472 – 35
   983 – 46

④ Schreibe und löse als Ergänzungsaufgabe wie im Beispiel.

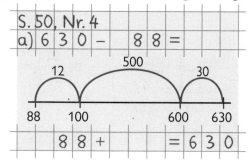

a) 630 – 88
   740 – 95
   820 – 93
   510 – 76
   950 – 86

Beide Rechenrichtungen sind möglich.

b) 940 – 73
   830 – 85
   720 – 97
   220 – 68
   410 – 81

⑤ Rechne geschickt.
a) 246 – 37
   352 – 48
   465 – 29
   574 – 56
b) 332 – 26
   481 – 77
   753 – 45
   824 – 16
c) 673 – 47
   962 – 35
   595 – 68
   781 – 74
d) 591 – 65
   384 – 58
   761 – 36
   873 – 45

209 304 306 326 404 436 518 526 527 626 648 707 708 725 808 828 927

6 Wie rechnen die Kinder weiter?
Schreibe die Aufgaben vollständig auf und berechne das Ergebnis.

Rechne wie Vedat.

a) 450 – 269
540 – 358
630 – 279
720 – 368

b) 520 – 238
430 – 347
610 – 459
740 – 579

c) 760 – 275
810 – 326
930 – 467
640 – 375

d) 950 – 187
850 – 276
730 – 445
650 – 366

83 151 161 181 182 265 282 283 284 285 351 352 463 484 485 574 763

7 Wie rechnest du?

a) 526 – 64
637 – 52
818 – 66
938 – 75

b) 526 – 164
637 – 152
818 – 166
938 – 175

c) 937 – 153
848 – 161
629 – 174
746 – 181

d) 937 – 253
848 – 361
629 – 474
746 – 585

155 161 362 455 462 476 485 487 565 585 652 684 687 752 763 784 863

8 Rechne wie Super M.

| S. 51, Nr. 8 |
| a) 5 3 4 – 2 5 6 = 2 7 8 |
| 5 3 4 – 2 0 0 = 3 3 4 |
| 3 3 4 –   5 0 = 2 8 4 |
| 2 8 4 –   6 = 2 7 8 |

Mein Weg geht immer.

a) 534 – 256
615 – 247
742 – 364
413 – 285

b) 722 – 456
813 – 528
604 – 377
907 – 689

128 218 227 256 266 278 285 368 378

9 Schau genau hin. Manchmal hilft es, die Reihenfolge zu ändern.

a) 984 – 273 – 184
876 – 155 – 276
753 – 217 – 353
928 – 399 – 428

b) 946 – 326 – 170
817 – 485 – 267
735 – 279 – 145
653 – 145 – 208

c) 898 – 199 – 299
989 – 299 – 198
797 – 398 – 299
888 – 289 – 399

65 100 101 183 200 300 311 400 445 450 492 500 527

Schriftlich subtrahieren – ergänzen

Schriftlich subtrahieren
– ergänzen –
in der Einerspalte
in der Zehnerspalte
in der Hunderterspalte

① Rechne wie im Beispiel.

a) H Z E	b) H Z E	c) H Z E	d) H Z E	e) H Z E
8 5 7	7 8 5	6 9 7	7 9 9	9 7 4
– 3 2 3	– 5 3 2	– 4 5 3	– 5 6 3	– 6 2 1

156   236   244   253   353   534

② Löse durch Ergänzen. Beginne mit den Einern.

a) 366   b) 586   c) 584   d) 776   e) 574   f) 669   g) 784
  – 123   – 242   – 351   – 404   – 273   – 446   – 362

223   232   233   243   301   344   372   422

③ Schreibe stellengerecht und berechne durch schriftliches Subtrahieren.

578 – 123   765 – 153   494 – 84
684 – 21   896 – 274   659 – 553
519 – 406   787 – 63   967 – 427
327 – 106   739 – 518   788 – 56

106 113 221 221 410 455 531 540
612 622 663 724 732

④ 435 – 197

Diese Aufgabe rechne ich ganz leicht im Kopf:
3 fehlen bis 200, plus 235, zusammen 238.

Erfinde nach diesem Muster eigene Aufgaben, die sich genauso leicht lösen lassen.

⑤ Rechne wie im Beispiel.

a) H Z E	b) H Z E	c) H Z E	d) H Z E	e) H Z E
8 5 3	7 8 2	6 9 2	7 4 9	9 1 4
– 3 2 9	– 5 3 8	– 4 5 7	– 5 9 3	– 6 7 2

156   235   242   244   253   524

⑥ Löse durch Ergänzen. Notiere die Überträge sorgfältig.

a) 366 – 127   b) 583 – 246   c) 584 – 356   d) 726 – 408   e) 547 – 378   f) 609 – 246   g) 704 – 285

169   228   239   292   318   337   363   419

⑦ Schreibe stellengerecht und berechne durch schriftliches Subtrahieren. Achte auf die Überträge.

a) 573 – 128   765 – 137   464 – 84   572 – 406   757 – 269   961 – 427

b) 684 – 225   891 – 274   619 – 55   321 – 106   732 – 518   780 – 256

166   214   215   380   445   459   488   492   524   534   564   617   628

⑧ Wähle drei Ziffernkärtchen.
- Ordne sie zu einer dreistelligen Zahl und notiere sie. Vertausche nun Hunderter- und Einerstelle und notiere auch diese Zahl.

Im Beispiel ist der Unterschied genau 198. Wie groß ist der Unterschied zwischen den beiden Zahlen bei dir? Lege und rechne viele Beispiele. Was fällt dir auf?

Schriftlich subtrahieren – abziehen

Schriftlich subtrahieren:
Einer minus Einer
Zehner minus Zehner
Hunderter minus Hunderter

① Rechne wie im Beispiel.

a) H Z E	b) H Z E	c) H Z E	d) H Z E	e) H Z E
8 5 9	7 8 8	6 9 7	7 8 9	9 8 4
− 3 2 3	− 5 3 2	− 4 5 2	− 5 2 3	− 6 7 2

245   256   266   312   526   536

② Subtrahiere schriftlich. Beginne mit den Einern.

a) 367   b) 586   c) 586   d) 727   e) 587   f) 689   g) 764
  − 126   − 242   − 354   − 401   − 373   − 246   − 431

214   232   241   326   333   344   351   443

③ Schreibe stellengerecht und berechne durch schriftliches Subtrahieren.

578 − 123   765 − 153   494 − 84

684 − 21   896 − 274   659 − 553

519 − 406   787 − 63   967 − 427

327 − 106   739 − 518   788 − 56

106 113 221 221 410 455 531 540
612 622 663 724 732

④ Häufig lassen sich Aufgaben geschickt verändern und leicht im Kopf lösen.

Beispiel 1
376 − 99 =
376 − 100 + 1 = 277

Beispiel 2
314 − 74 =
314 − 14 − 60 = 240

Beispiel 3
253 − 37 =
256 − 40 =

Finde zu jedem Beispiel eigene Aufgaben.

Schriftlich subtrahieren mit Überschreitung – abziehen – Veränderung immer in zwei Spalten notieren.

1 Zehner = 10 Einer

⑤ Rechne wie im Beispiel.

a) H Z E   8 5 3   − 3 2 9

b) H Z E   7 8 2   − 5 3 8

c) H Z E   6 9 2   − 4 5 7

⑥ Hier brauchst du mehr Zehner.

a) H Z E   7 4 9   − 4 5 6

b) H Z E   9 1 4   − 6 7 2

⑦ Subtrahiere. Achte auf die Veränderungen.

a) 366 − 127   b) 583 − 246   c) 584 − 356   d) 726 − 408

129 228 239 318 337

⑧ Einmal verändern reicht nicht.

a) 487 − 378   b) 704 − 285   c) 402 − 209

109 193 363 419

⑨ Schreibe stellengerecht untereinander und subtrahiere schriftlich. Achte auf die Veränderungen.

a) 573 − 128   765 − 37   464 − 84   572 − 406   757 − 269   961 − 427

b) 684 − 25   891 − 274   619 − 55   321 − 106   732 − 518   780 − 56

166 214 215 380 455 488 492 534 564 617 659 724 728

⑩ Wähle drei Ziffernkärtchen.
• Lege eine dreistellige Zahl. Schreibe die Zahl auf. Vertausche dann Hunderter- und Einerstelle. Notiere auch diese Zahl. Berechne den Unterschied zwischen beiden Zahlen. Im Beispiel ist der Unterschied 198. Vergleiche. Lege und rechne viele Aufgaben. Was fällt dir auf?

Schriftlich subtrahieren üben

① Überschlage zuerst im Kopf, wie groß dein Ergebnis ungefähr wird.
Subtrahiere stellenweise, beginne bei den Einern.

mehr als …
weniger als …
fast …

a) H Z E
   6 7 4
– 2 4 1

b) H Z E
   9 8 5
– 4 6 2

c) H Z E
   8 6 9
– 4 3 7

S. 56, Nr. 1
a) Ü: mehr als 4 0 0
                  6 7 4
               – 2 4 1

② Subtrahiere schriftlich.

a) 7 6 3
  – 4 1 7

b) 5 9 1
  – 4 3 7

c) 5 7 2
  – 3 2 6

d) 6 8 4
  – 4 2 5

154   236   246   259   346

③ Ein Übertrag oder sogar zwei Überträge.

a) 9 4 2
  – 5 6 1

b) 8 3 7
  – 4 5 1

c) 6 2 8
  – 3 4 3

d) 5 1 9
  – 4 3 2

e) 7 3 4
  – 4 5 8

f) 7 5 4
  – 5 6 6

g) 9 6 1
  – 4 6 5

h) 7 8 3
  – 5 7 8

i) 8 7 2
  – 3 8 5

j) 6 0 2
  – 4 9 5

87 107 187 188 205 276 285 381 386 487 496

④ Schreibe stellengerecht untereinander, subtrahiere. Mache zuerst einen Überschlag.

a) 557 – 361   647 – 452   737 – 43   827 – 346   967 – 75

b) 468 – 273   514 – 92   835 – 664   748 – 84   608 – 73

⑤ Subtrahiere von 993 erst 29, dann 138, dann 247 …
Wie groß ist der Rest, von dem sich die Folgezahl nicht mehr subtrahieren lässt?

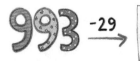  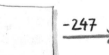 

⑥ Subtrahiere schriftlich.
Beginne bei den Einern.

a) 573 − 342   b) 786 − 598

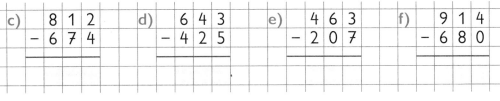

c) 812 − 674   d) 643 − 425   e) 463 − 207   f) 914 − 680

g) 810 − 645   h) 706 − 489   i) 584 − 267   j) 718 − 254

138   165   188   217   218   231   234   256   317   432   464

⑦ Im Kopf oder schriftlich?
Schreibe nur die Aufgaben in dein Heft, die du schriftlich rechnest.

a) 724 − 398   563 − 386   816 − 266   631 − 336   973 − 885   605 − 376

b) 427 − 238   611 − 413   704 − 594   836 − 438   543 − 358   925 − 687

⑧ Richtig oder falsch? Welche Antwort passt?

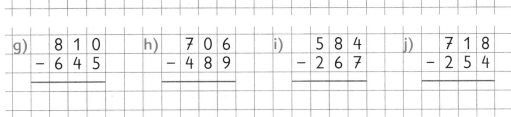

a) 719 − 492 = 127 ☐   b) 652 − 88 = 564 ☐   c) 881 − 614 = 277 ☐   d) 992 − 349 = 543 ☐   e) 804 − 707 = 196 ☐

A Übertrag immer vergessen   D Rechenfehler in der Hunderterstelle

B Übertrag bei der Zehnerstelle vergessen   E Übertrag zu viel

C Übertrag bei einer Stelle vergessen   F Alles richtig

⑨ Bilde aus dem Würfelergebnis mit drei Würfeln die größtmögliche dreistellige Zahl und notiere sie. Subtrahiere davon eine dreistellige Zahl, die aus denselben Ziffern gebildet ist. Schreibe und rechne alle Aufgaben, die du mit einem Würfelergebnis bilden kannst. Berechne die Differenz durch schriftliches Subtrahieren. Bilde für jedes Ergebnis die Summe der Ziffern. Was fällt dir auf? Beschreibe.

Schriftlich subtrahieren und die Null

① Rechnen mit der Null – null Problem. Notiere alle Überträge.

a) 709 − 483   b) 820 − 397   c) 934 − 680   d) 642 − 408   e) 510 − 204

226 234 254 306 417 423

② Schreibe stellengerecht untereinander und subtrahiere schriftlich.
Richtig gerechnet? Vergleiche mit dem Überschlag.

a) 902 − 656
674 − 509
762 − 438
823 − 327

b) 841 − 609
705 − 209
443 − 276
670 − 478

c) 531 − 237
604 − 328
515 − 306
853 − 267

> Zur Probe bilde ich die Summe von unten nach oben.
> 198 + 789 = 987

165 167 192 209 215 232 246 276 294 324 496 496 586

③ Achte auf das Muster, versuche es zu beschreiben.

a) 987 − 789   b) 876 − 678   c) 765 − 567   d) 654 − 456   e) 543 − 345

④ Vergleiche mit Aufgabe 3, bevor du rechnest.
Was ist gleich? Was ist anders? Wie geht es weiter?

a) 975 − 579   b) 864 − 468   c) 753 − 357   d) 6 − 2   e) 5 − 1

⑤ Oft geht es einfacher und schneller im Kopf.
Wie rechnest du?

> Genau hinschauen – gut nachdenken – erst dann rechnen.

a) 804 − 506
605 − 490
862 − 565
900 − 387

b) 841 − 451
723 − 587
634 − 384
840 − 698

c) 653 − 193
762 − 574
902 − 487
843 − 608

verfahrensunabhängige Übungsaufgaben zur schriftlichen Subtraktion;
1–2 Übungsaufgaben unter besonderer Berücksichtigung der Null; 3 ergebnisgleiche Aufgaben mit Muster;
4 „Muster" verstehen und passende Aufgaben ergänzen; 5 Lösung im Kopf favorisieren

6 Vervollständige die Aufgaben.

a) – 3 9 6 / 5 0 4
b) – 2 5 3 / 6 7 1
c) – 1 4 7 / 7 5 8
d) – 5 3 6 / 3 8 7
e) – 4 6 5 / 4 6 5

7 Auch hier hilft Umdenken.

a) 8 4 2 / – / 6 0 0
b) 9 2 3 / – / 7 1 0
c) 6 8 7 / – / 4 3 7
d) 6 3 9 / – / 3 9 9
e) 7 6 2 / – / 4 0 2

8 Immer 333. Finde zu jedem Beispiel eigene Aufgaben.

Super einfache Aufgaben
777 – 444 = 333

Einfache Aufgaben
853 – 520 = 333

Aufgaben mit einer Überschreitung
_ _ _ – _ _ _ = 333

Aufgaben mit 6 verschiedenen Ziffern ohne Null
765 – 432 = 333

Aufgaben mit zwei Überschreitungen
_ _ _ – _ _ _ = 333

9 Trage fehlende Zahlen ein. Schreibe in dein Heft.

a) 9 6 7 / – _ 2 _ / 4 _ 8
b) 8 1 _ / – 4 _ 6 / _ 7 8
c) 7 2 _ / – _ 4 6 / 2 _ 8
d) _ 2 3 / – 5 6 / 2 _ 6
e) 9 8 _ / – _ 2 _ / 9 1
f) _ 5 _ / – _ 2 7 / 2 _ 4

10 – 2 _ 7 / 3 9 5

Finde viele Lösungen.

Rechnen mit Kommazahlen

① Ein vielfältiges Angebot.

Jan kauft 1 Croissant, 1 Weizenbrötchen und 2 Roggenbrötchen.
Maria kauft 2 Croissants und 1 Mohnbrötchen.

② Übertrage die Tabelle in dein Heft. Ergänze und schreibe wie im Beispiel.

	€	ct
435 ct	4	35
328 ct		
998 ct		
405 ct		
550 ct		
245 ct		
707 ct		
770 ct		

€	ct	
3	50	3,50 €
4	60	
9	20	
6	75	
3	8	
8	17	
	53	
5		

③ Jedes Kind kauft 2 Tüten Brötchen. Was kosten sie zusammen?

Achte auf stellengerechtes Schreiben. Komma unter Komma.

a) Marco: 5,20 € und 3,19 €   Marco bezahlt mit .

b) Nele: 3,14 € und 3,97 €   Nele gibt  und .

c) Vedat: 4,62 € und 4,83 €   Vedat gibt  und .

d) Lea: 8,82 € und 9,65 €   Lea bezahlt mit .

④ Mio kauft Brötchen für einen Betrag zwischen 5 € und 6 €.
Stelle verschiedene Brötchentüten zusammen.

1 ausrechnen, was die Kinder bezahlen müssen; 2 zwischen verschiedenen Notationsformen für Geldbeträge wechseln; 3 Gesamtpreis und Rückgeld berechnen, stellengerecht notieren und schriftlich addieren und subtrahieren; 4 mögliche Einkäufe zusammenstellen

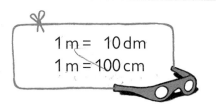

1 m = 10 dm
1 m = 100 cm

1 dm = 10 cm
1 dm = 100 mm

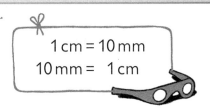

1 cm = 10 mm
10 mm = 1 cm

5 Verschiedene Schreibweisen

S. 61, Nr. 5
a) | 4 | 7 | 2 |cm = 4 m 7 2 cm = 4,7 2 m

S. 61, Nr. 5
e) | 4 | 2 | 3 |mm = 4 2,3 cm

a) 472 cm
506 cm
980 cm
63 cm

b) 3 m 26 cm
7 m 8 cm
4 m 39 cm
8 m 4 cm

c) 2,43 m
4,03 m
0,87 m
0,05 m

d) 117 cm
74 cm
100 cm
5 cm

e) 423 mm
907 mm
58 mm
201 mm

6 Wandle um.

a) in cm
5,85 m
7,02 m
0,99 m
1,78 m

b) in cm
4 m 36 cm
0 m 67 cm
2 m 50 cm
5 m 8 cm

c) in m
575 cm
609 cm
50 cm
1000 cm

d) in m
7 m 75 cm
0 m 3 cm
9 m 31 cm
5 m 80 cm

Ich gebe überall 20 cm dazu!

7 Mit Kommazahlen schriftlich addieren und subtrahieren.

a) 6,20 m + 3,70 m
2,50 m + 3,50 m
4,95 m + 6,80 m
5,07 m + 4,34 m

b) 26,75 m + 42,16 m
39,54 m + 21,46 m
73,08 m + 18,97 m
52,67 m + 34,08 m

c) 9,78 m − 6,51 m
25,12 m − 12,25 m
68,04 m − 36,09 m
100 m − 87,65 m

d) 2,54 m − 1,38 m
10,80 m − 8,10 m
4,05 m − 3,26 m
55,55 m − 11,11 m

+ aneinanderlegen
− Unterschied berechnen

8 Wandle um und rechne schriftlich.

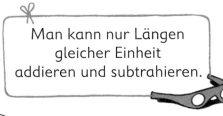

Man kann nur Längen gleicher Einheit addieren und subtrahieren.

a) 35,81 m + 133 cm
c) 9,07 m + 585 cm
e) 72,89 m − 126 cm
g) 29,04 m − 285 cm

b) 320 cm + 0,62 m
d) 17,12 m + 56 cm
f) 460 cm − 2,32 m
h) 64 m − 120 cm

9 Zusammen 333 m. Addiere jeweils drei Teilstrecken, deren Länge als Kommazahl notiert ist. Finde viele Aufgaben.

5–6 zwischen verschiedenen Notationsformen für Längenmaße wechseln; 7 Längenmaße in Kommaschreibweise stellengerecht notieren und schriftlich addieren und subtrahieren; 8 vor der Rechnung Einheiten vereinheitlichen; 9 Summe in drei Summanden aufspalten, viele Möglichkeiten finden

Das kann ich schon!

Subtraktion mit großen Zahlen

① Schreibe in dein Heft. Rechne im Kopf.

a) 90 – 40
490 – 40
496 – 40
496 – 48

b) 680 – 60
680 – 68
682 – 68
687 – 68

c) 820 – 85
950 – 98
660 – 79
340 – 88

d) 379 – 227
476 – 154
567 – 371
713 – 418

② Schreibe deine Rechenschritte auf.

a) 428 – 74
647 – 62
728 – 56
849 – 68

b) 658 – 376
539 – 253
827 – 542
916 – 774

c) 467 – 185
768 – 475
923 – 652
836 – 565

d) 1000 – 815
1000 – 745
1000 – 562
1000 – 655

③ Rechne geschickt.

a) 568 – 199
953 – 399
782 – 198
891 – 398

b) 733 – 226 – 233
624 – 355 – 124
872 – 186 – 372
956 – 407 – 456

c) 856 – ___ – 256 = 483
763 – ___ – 323 = 175
908 – 186 – ___ = 314
684 – 407 – ___ = 93

Mach dich fit. Halt dich fit.

④ Aufgabenpaare
Berechne die Aufgaben.

a) Was fällt dir auf? Versuche, das Muster zu beschreiben.

560 – 120   810 – 370   630 – 380   725 – 265
600 – 160   890 – 450   690 – 440   765 – 305

b) Notiere drei eigene Beispiele nach demselben Muster.

⑤

a) Wenn du 1000 um 378 verminderst, erhältst du meine Zahl.

b) Meine Zahl ist um 47 kleiner als die Differenz aus 675 und 225.

c) Wenn ich von meiner Zahl 165 subtrahiere, erhalte ich 330.

1 große Zahlen im Kopf subtrahieren; 2 Rechenwege darstellen;
3 aufgabenbezogen geschickte Wege nutzen;
4 Aufgabenserie „mustergerecht" fortsetzen; 5 Zahlenrätsel lösen

Schriftlich subtrahieren

6 a)
- 786 − 465
- 593 − 276
- 375 − 254
- 673 − 228

b)
- 496 − ___ = 143
- 986 − ___ = 153
- ___ − 263 = 423
- ___ − 287 = 512

c)
- 8_ − 24 = 75
- 5_ − _3 = 40
- 6_ − 24 = 61
- 6_ − 4_ = 30

7 Schreibe stellengerecht untereinander und subtrahiere schriftlich. Mache zuerst einen Überschlag.

a) 653 − 362   b) 824 − 73   c) 705 − 428   d) 542 − 337

e) 581 − 67   f) 632 − 456   g) 913 − 848   h) 641 − 336

8 Ordne die Aufgaben zum Super-Päckchen. Wie heißt die Startzahl?

___ − 125 = ___

___ − 128 = ___

___ − 130 = 0

___ − 129 = ___

___ − 126 = ___

___ − 127 = ___

9 Mit Kommazahlen rechnen

a) Schreibe als Kommazahl.

4 € 26 ct   630 ct
7 € 16 ct   145 ct
9 € 6 ct   305 ct
5 € 70 ct   89 ct

b) Nele zahlt in der Bäckerei 4,62 €. Butter, Marmelade und 1 kg Äpfel kosten zusammen 4,49 €. Reicht ihr Geld? Notiere einen Überschlag. Berechne schriftlich, wie viel sie insgesamt ausgibt.

6 Verfahren einsichtig anwenden, fehlende Ziffern rekonstruieren; 7 stellengerecht notieren, Überschlag zur Lösungskontrolle nutzen; 8 Aufgaben vervollständigen und ordnen; 9a) Geldbeträge in Kommaschreibweise notieren, b) Gesamtausgaben berechnen

Zufall – Würfeln

① Spiele mit einem Partner nach Regel 1.

Regel 1: Du bekommst einen Punkt, wenn die Würfelsumme gerade ist. Dein Partner erhält den Punkt bei einer ungeraden Summe.

Würfelt abwechselnd zwanzig Mal mit zwei Würfeln und addiert die beiden Würfelergebnisse.
Notiert eure Ergebnisse in einer Tabelle

② Erprobt auch die Regeln 2 bis 4. Würfelt immer zwanzig Mal.

a) Notiert eure Vermutungen, welche Regeln fair und welche unfair sind.

b) Überprüft eure Vermutungen, indem ihr alle möglichen Ergebnisse in einer Tabelle notiert und die Gewinnzahlen bei den verschiedenen Regeln vergleicht.

+	1	2	3	4	5	6
1						
2						
3						
4						
5						
6						

Regel 2: Du bekommst einen Punkt, wenn die Würfelsumme größer als 7 ist. Dein Partner erhält den Punkt bei einer Summe kleiner als 7.

Regel 3: Du bekommst einen Punkt, wenn die Würfelsumme genau 7 ist. Dein Partner erhält den Punkt bei allen anderen Ergebnissen.

Regel 4: Du bekommst einen Punkt, wenn die Würfelsumme gleich oder größer 10 ist. Dein Partner erhält den Punkt bei allen Summen kleiner als 10.

Eine Gewinnregel ist **fair**, wenn beide Spieler die gleichen Gewinnchancen haben. Sie ist **unfair**, wenn ein Spieler mehr Gewinnmöglichkeiten hat als der andere.

③ Lea erfindet eine neue Regel für Max und sich.

a) Spiele mit einem Partner nach dieser Regel.

b) Schreibe oder male alle Würfelkombinationen auf, mit denen Lea einen Punkt erhält und mit denen Max einen Punkt erhält.

c) Vergleiche und entscheide, ob die Regel fair oder unfair ist.

Ich gewinne mit einem Pasch (beide Würfel haben das gleiche Ergebnis). Du gewinnst bei der Summe 7.
Lea

④ **Spiele mit einem Partner.**

Würfelt abwechselnd mit zwei Würfeln und multipliziert die beiden Würfelergebnisse miteinander. Spielt einmal nach Regel 1 und einmal nach Regel 2.

Notiert die Gewinnpunkte als Strichliste. Wer hat zuerst 20 Striche?

Regel 1: Du bekommst einen Punkt, wenn das Ergebnis gerade ist. Dein Partner bekommt einen Punkt, wenn das Ergebnis ungerade ist.

gerade	||
ungerade		

Regel 2: Du bekommst einen Punkt, wenn das Ergebnis größer als 10 ist. Dein Partner bekommt einen Punkt, wenn das Ergebnis kleiner als 10 ist.

größer als 10	||
kleiner als 10	|||

Vergleicht die Ergebnisse in der Klasse. Was fällt euch auf?

---

⑤ Stelle alle möglichen Ergebnisse zu Aufgabe 4 in einer Tabelle dar.

a) Markiere in der Tabelle die geraden und ungeraden Zahlen mit unterschiedlichen Farben.

b) Wie oft gibt es Ergebnisse größer als 10 oder kleiner als 10? Markiere in der Tabelle oder zähle aus.

c) Welche der Regeln ist fair?

·	1	2	3	4	5	6
1						
2						
3						
4						
5						
6						

---

⑥ Überprüfe und vergleiche die Regeln **A** bis **D**. Bei welcher Regel

a) gewinnst du wahrscheinlich?

b) verlierst du wahrscheinlich?

c) haben beide Partner die gleichen Chancen?

Du bekommst einen Punkt, wenn…

A … das Ergebnis durch 5 teilbar ist. Dein Partner bei allen anderen Ergebnissen.

C … das Ergebnis durch 8 teilbar ist. Dein Partner bei allen anderen Ergebnissen.

B … das Ergebnis größer oder gleich 10 ist. Dein Partner bei einem Ergebnis kleiner oder gleich 10.

D … das Ergebnis kleiner als 15 ist. Dein Partner bei Ergebnissen größer als 15.

---

4 Regeln erproben, Spielverläufe dokumentieren, Ergebnisse vergleichen, Auffälligkeiten benennen;
5 Ergebnisse zu Aufg. 4 analysieren und bewerten;
6 Regeln vergleichen und begründet bewerten

Wahrscheinlichkeit

① Stelle mit Hilfe der Anleitung ein Glücksrad her.

Bastelanleitung
Schneide ein Quadrat mit der Seitenlänge 7 cm aus Pappe aus. Ziehe mit einem Lineal Linien wie in der Abbildung. Schneide das Achteck aus und stecke einen Zahnstocher durch die Mitte.

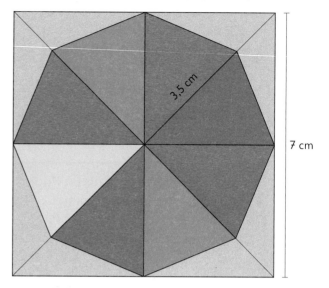

② Drehe mit einem Partner das Glücksrad mindestens 20-mal. Legt eine Tabelle an und tragt eure Ergebnisse ein. Was stellt ihr fest? Begründet.

Rot	Grün	Gelb	Blau
III	I		I

③ A   B   C   D

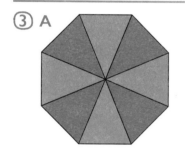 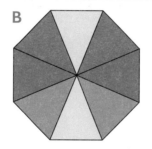 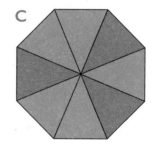 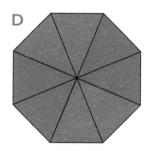

Welches Glücksrad kann es sein?
Schreibe die entsprechenden Buchstaben in dein Heft.

a) Die Chancen für die vorkommenden Farben sind gleich.

b) Die Chancen für Grün sind größer.

c) Die Chancen für Blau sind größer.

d) Gelb kommt auf keinen Fall!

„Zu einer Behauptung passt kein Glücksrad!"

④ Stelle ein Glücksrad nach diesen Regeln her:

– Es sollen 3 Farben vorkommen.

– Jede Farbe erhält mindestens 2 Felder.

– Zwei Farben sollen höhere Chancen haben als die dritte.

1 Glücksrad herstellen; 2 Zufallsversuch durchführen und als Strichliste festhalten, nach Begründungen suchen; 3 Chancen begründet einschätzen; 4 Glücksrad passend zu den Regeln herstellen

5 Ein Zufallsexperiment mit Kugeln.

A  B  C  D

Tom soll ohne hinzusehen eine Kugel aus einer Kiste ziehen.
Ist die Kugel gelb, hat er gewonnen.

a) Bei welcher Kiste gewinnt er sicher? Begründe.

b) Bei welcher Kiste gewinnt er wahrscheinlich? Begründe.

6
Maria darf mehrmals aus einer Kiste ziehen,
um eine blaue Kugel zu bekommen.
Die gezogenen Kugeln werden nicht
wieder zurückgelegt.
Begründe deine Antworten.

> **Sicher:** Das Ergebnis tritt **immer** ein.
> **Unmöglich:** Das Ergebnis tritt **nie** ein.
> **Möglich, aber nicht sicher:**
> Das Ergebnis **kann** eintreten.
> **Wahrscheinlich:** Das Ergebnis
> tritt **häufiger** ein als andere.

a) Welche Kiste wählt Maria aus,
um schnell eine blaue Kugel zu ziehen?

b) Wie oft muss sie bei dieser Kiste höchstens
ziehen, um eine blaue Kugel zu bekommen?

c) Bei welcher Kiste ist es unmöglich, eine blaue Kugel zu ziehen?

---

7 Jede Ziffer liegt nur einmal im Kasten.
Nele zieht drei Karten und legt verdeckt eine dreistellige Zahl.
Die Kinder in der Klasse vermuten …

Ziffernkarten 1-9

- Deine Zahl heißt 999. Niclas
- Deine Zahl ist kleiner als 988. Maria
- Deine Zahl heißt 100. Sina
- Deine Zahl liegt zwischen 122 und 988. Alena
- Deine Zahl ist ungerade. Ali
- Deine Zahl ist gerade. Naomi
- Deine Zahl ist größer als 500. Max

Welche Kinder beschreiben Ergebnisse,

die **sicher** sind?

die **unmöglich** sind?

die **möglich** sind?

Ordne in einer Tabelle.

S. 67, Nr. 7

sicher	unmöglich	möglich
		Ali

Kombinatorik

① **Im Bus**

a) Eva, Max und Nele steigen in den Schulbus ein. Auf der hinteren Sitzbank sind noch drei Plätze nebeneinander frei. Wie viele Möglichkeiten haben die drei Kinder, sich nebeneinanderzusetzen?

b) Wie viele Möglichkeiten der Sitzordnung gibt es, wenn außerdem noch Ahmet mit einsteigt?

---

② Die Kinder einer Klasse probieren aus, wie sie sich zu fünft nebeneinander auf die Bank setzen können. Die Mädchen möchten dabei immer neben einem anderen Mädchen sitzen. Welche Möglichkeiten der Sitzordnung gibt es? Notiere sie in deinem Heft.

1 Anzahl der möglichen Anordnungen für 3 bzw. 4 Kinder finden;
2 Anzahl der Möglichkeiten für entsprechende Anordnungen finden

Zwei Kinder begrüßen sich.
Es werden einmal die Hände geschüttelt.

Wenn sich vier Kinder begrüßen, werden sechsmal die Hände geschüttelt.

③ Sechs Kinder treffen zusammen.
Wie oft werden die Hände geschüttelt, bis jeder jeden begrüßt hat?

a) Lea hat eine Skizze angefangen.
Zeichne die Skizze in dein Heft und ergänze die fehlenden Linien.

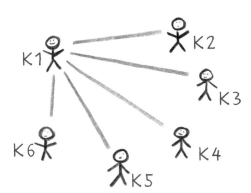

b) Nina legt eine Tabelle an.
Zeichne die Tabelle in dein Heft und ergänze die fehlenden Kreuze.

	K1	K2	K3	K4	K5	K6
K1		X	X	X	X	X
K2						
K3						
K4						
K5						
K6						

X bedeutet: 2 Kinder geben sich die Hand.

1 und 2 haben sich schon begrüßt!

Keiner schüttelt sich selbst die Hand!

c) Jan notiert seine Lösungsschritte.
Übertrage in dein Heft und setze fort.

Kind 1 schüttelt 5 Kindern die Hand.   5

Kind 2 schüttelt 4 Kindern die Hand
(Kind 1 hat es ja schon begrüßt).   5 + 4

Kind 3   5 + 4 + _

Achtung: Nicht doppelt zählen!

Daten sammeln und darstellen

www.kindernetz.de/netzreporter/nordrhein-westfalen/monschau

Im Kinderreiseführer des SWR schreiben die Kinder der Grundschule Konzen:

> Das Eulennest ist eine Kinderbücherei. Es befindet sich in der Grundschule Konzen.
>
> Es dürfen auch Kinder aus anderen Orten Bücher ausleihen. Es können auch Erwachsene Bücher ausleihen, aber es gibt nicht so viele für sie, denn es ist ja eine Kinderbücherei.
>
> Man kann höchstens 3 Bücher ausleihen und 3 Wochen behalten.

Öffnungszeiten:
Dienstag: 15.00 bis 16.00 Uhr
Donnerstag: 14.00 bis 15.00 Uhr

Bücher für Grundschulkinder

	Kategorie	Anzahl
00	Bilderbücher	96
01	Hexen, Zauberer, Drachen, Gespenster	50
02	Märchen, Geschichten	50
03	Beziehungen, Freundschaft, Liebe	64
04	Familie, Großeltern, Verwandtschaft	62
05	Tiere	47
06	Krankheit, Abschied, Tod	21
07	Abenteuer, Detektive, Piraten, Indianer	117
08	Schule	29
09	Sport, Fußball	21
10	Krieg, Gewalt, Ritter, Räuber	14
11	Religion, Geschichte	45
12	Englisch	52
13	Naturkunde	81
14	Mensch, Umwelt, Politik	45
15	Technik, Geographie, Astrologie	29
N	Nachschlagewerke	28
K	Kinderbibliothek	46

Die Bücher sind nach Kategorien geordnet. Buchstaben, Ziffern und Farben erleichtern das Aussuchen und Finden der Bücher.

① a) In welcher Kategorie gibt es die meisten Bücher?

b) Wie viele Bücher gibt es zum Thema Sport, Fußball?

c) Wie viele Bücher gibt es mit Märchen und Geschichten?

② Welche Farbe? Welche Ziffer?

a) Verwandtschaft

b) Englisch

③ Schätze, rechne, wie viele Bücher es insgesamt gibt.
Schreibe deine Überlegungen auf.

Sachinformationen zum „Eulennest" aufnehmen;
1–2 Fragen m.H. der Tabelle beantworten;
3 Gesamtzahl der Bücher schätzen, berechnen

Aus den Ergebnissen einer großen Fragebogenaktion erfährst du mehr über das Eulennest.

④ Wie oft meldest du dich, um deine Pause im Eulennest zu verbringen?

1. ☐ jeden Tag
2. ☐ 1-mal in der Woche
3. ☐ selten
4. ☐ nie

Lies aus dem Balkendiagramm ab, wie viele Kinder welche Antworten angekreuzt haben.

Balkendiagramm

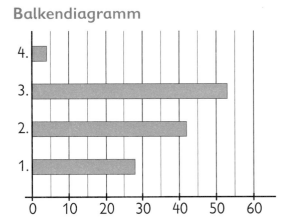

⑤ Wie gerne gehst du ins Eulennest? So haben die Kinder angekreuzt.

☺ sehr gerne   67
☺ gerne   30
☺ ziemlich gerne   25
☹ nicht gerne   2

Welche Farbe steht für welche Zahl? Schreibe auf.

Kreisdiagramm

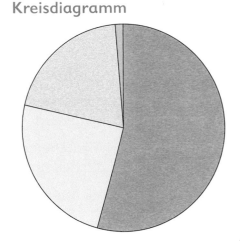

⑥ Was machst du am liebsten im Eulennest?

1. ☐ Computerspiele spielen
2. ☐ beim Vorlesen zuhören
3. ☐ zusammen lesen
4. ☐ alleine lesen
5. ☐ ein Spiel spielen

Säulendiagramm

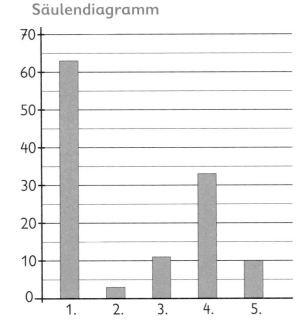

a) Was haben die meisten Kinder als Lieblingsbeschäftigung im Eulennest angegeben?

b) Stelle das Ergebnis von Aufgabe 6 auch als Tabelle dar.

c) Wie viele Kinder haben an der Umfrage teilgenommen?

d) Vergleiche die errechnete Anzahl auch mit den anderen Aufgaben.

Knobelaufgaben

① Bestimme die Anzahl aller sichtbaren

a) Quadrate.

b) Dreiecke.

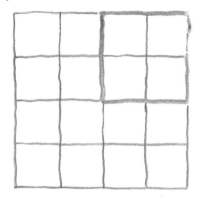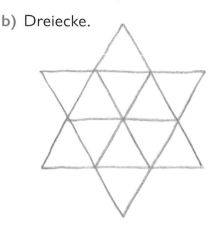

c) Wie gehst du vor? Beschreibe deinen Lösungsweg.

---

② In einer Kiste sind 15 Bälle in den Farben Rot, Blau und Gelb.
Es gibt doppelt so viele rote wie blaue Bälle.
Es gibt einen gelben Ball weniger, als es blaue Bälle gibt.

a) Wie viele Bälle von jeder Sorte sind in der Kiste?
Notiere deinen Lösungsweg.

b) Du nimmst ohne hinzusehen einen Ball aus der Kiste.
Welche Farbe erhältst du am wahrscheinlichsten?

c) Wie oft musst du höchstens einen Ball herausnehmen, um einen roten Ball zu erhalten?

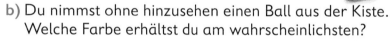

---

③ Tim nimmt ohne hinzusehen jeweils 3 Münzen aus seinem Portemonnaie und berechnet jedes Mal die Summe.

a) Welche Summe ist am kleinsten?

b) Welche Summe ist die größtmögliche?

c) Anne sagt: „Du kannst alle Zehnerzahlen von 30 Cent bis 90 Cent als Summe erreichen."
Überprüfe die Behauptung, male oder rechne.

d) Welcher Betrag ist nicht möglich? Notiere.
1,50 €   1 €   60 ct   40 ct

---

④ Zeichne die Muster in dein Heft und setze sie fort.

a)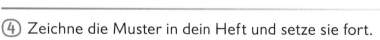

b)

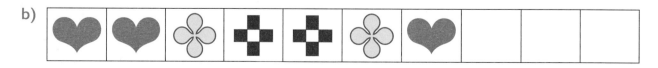

⑤ Setze fort. Notiere zu jeder Folge die Regel.

a) | 36 | 72 | 108 | | | | | |
|---|---|---|---|---|---|---|---|

b) | 16 | 32 | 30 | 60 | 58 | | | |
|---|---|---|---|---|---|---|---|

Ich schaue mir die einzelnen Schritte an.

⑥ Wie viele Quadrate werden jeweils benötigt, um die Würfel vollständig zu bekleben?
Wie gehst du vor?
Beschreibe.
Was fällt dir auf?

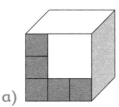 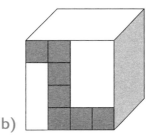 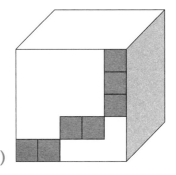

a)   b)   c)

⑦ Bestimme die Anzahl der kleinen Quadrate.

a) Wie geht es weiter? Notiere die Anzahl der kleinen Quadrate als Zahlenfolge.

b) Schreibe die Regel für die Aufgabenfolge in dein Heft. Was fällt dir auf?

c) Aus wie vielen kleinen Quadraten besteht das 7. Quadrat?
Zeichne und rechne.

d) Aus wie vielen kleinen Quadraten besteht das 10. Quadrat?

  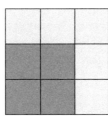 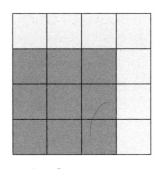

1   1 + 3   1 + 3 + __   1 + 3 + __ + __
1   4   _____   _____

⑧ Bestimme die Anzahl der kleinen Dreiecke.

a) Wie geht es weiter? Notiere die Anzahl der kleinen Dreiecke als Zahlenfolge.

b) Schreibe die Regel für die Aufgabenfolge in dein Heft.
Was fällt dir auf?

c) Aus wie vielen kleinen Dreiecken besteht das 9. Dreieck?
Zeichne oder rechne.

  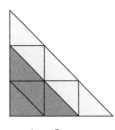 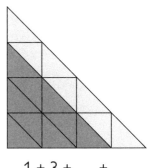

1   1 + 3   1 + 3 + __   1 + 3 + __ + __
1   4   _____   _____

Das kann ich schon!

① Zufall – Würfeln
Würfelt mit zwei Würfeln und multipliziert die beiden Würfelergebnisse miteinander.

Regel: Du bekommst einen Punkt, wenn das Ergebnis ungerade ist, dein Partner, wenn das Ergebnis kleiner als 6 ist.

a) Ist die Regel fair oder unfair? Begründe.

b) Erfinde eine Regel, bei der du sicher gewinnst.

② Wahrscheinlichkeit

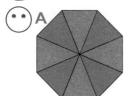 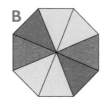 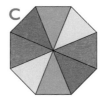 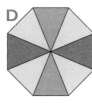

A   B   C   D

Welche Glücksräder können es sein?
Schreibe die entsprechenden Buchstaben in dein Heft.

a) Die Chancen für alle vorkommenden Farben sind gleich.

b) Die Chancen für Gelb sind größer.

c) Die Chancen für Rot sind größer.

d) Grün kommt auf keinen Fall!

Zu einer Behauptung passt kein Glücksrad!

③ Wahrscheinlichkeit
Du hast vier Säckchen mit roten und blauen Murmeln. Du gewinnst, wenn du eine blaue Murmel ziehst.

A 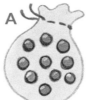 B 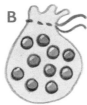 C 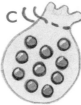 D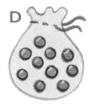

a) Aus welchem Säckchen musst du ziehen, damit du wahrscheinlich gewinnst? Begründe.

b) Bei welchem Säckchen ist es sehr unwahrscheinlich, dass du gewinnst?

c) In welchem Säckchen sind die Gewinnchancen für Rot und Blau gleich?

④ Knobelaufgaben
In einer Kiste sind 12 Bälle in den Farben Rot, Blau und Gelb. Es sind dreimal so viele rote wie blaue Bälle in der Kiste. Gelbe Bälle gibt es doppelt so viele wie blaue.

a) Wie viele Bälle von jeder Sorte sind in der Kiste? Notiere deinen Lösungsweg.

b) Du nimmst ohne hinzusehen einen Ball aus der Kiste. Welche Farbe erhältst du am wahrscheinlichsten?

c) Wie viele Bälle musst du höchstens aus der Kiste nehmen, um sicher einen roten Ball zu erhalten?

5 Kombinatorik

Nina möchte mit ihren fünf Freundinnen ein Federballturnier veranstalten.

a) Jeder soll gegen jeden spielen. Wie viele Spiele werden durchgeführt?
Notiere deine Lösung als Zeichnung, in einer Tabelle oder durch Aufschreiben der Lösungsschritte.

b) Ninas Mutter meint: „Das dauert doch viel zu lange. Ich habe eine andere Idee. Wir losen aus, welches Paar beginnt. Der Sieger spielt dann gegen das nächste Kind und so weiter, bis alle Kinder mindestens einmal gespielt haben."
Wie viele Spiele finden bei diesem Vorschlag statt?

6 Daten sammeln und darstellen

Jan hat in seiner Klasse eine Befragung zur Schülerbücherei gemacht.

a) Lies aus dem Säulendiagramm ab, wie viele Kinder welche Antworten angekreuzt haben.

Zu welchem Thema leihst du dir am liebsten Bücher aus?
1. ☐ Familie, Verwandschaft
2. ☐ Freundschaft, Schule
3. ☐ Tiere
4. ☐ Experimente, Sachbücher
5. ☐ Abenteuer, Detektive, Piraten
6. ☐ Hexen, Zauberer, Gespenster
7. ☐ Sport und Fußball
8. ☐ Märchen und Sagen

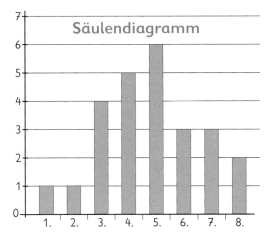

b) Welche Farbe steht für welche Zahl? Schreibe auf.

Wie oft leihst du dir Bücher aus?	
1-mal in der Woche	12
alle 2 Wochen	3
1-mal im Monat	6
selten	2
nie	1

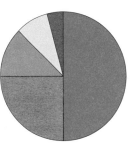

c) Zeichne ein Balkendiagramm in dein Heft.

Was machst du am liebsten in der Schulbücherei?	
1. beim Vorlesen zuhören	8
2. alleine lesen	7
3. ein Spiel spielen	5
4. Computerspiele spielen	4
5. zusammen lesen	0

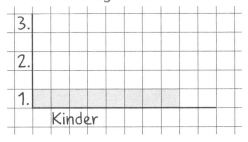

5 Anzahl möglicher Kombinationen nach Vorgaben bestimmen;
6 Daten aus verschiedenen Darstellungsformen entnehmen, sie verstehen, interpretieren und in eine andere Darstellungsform übertragen

Wiederholung – Multiplikation

1 Muster auf der Zahlentafel

A, B, C, D: Zahlentafeln von 0 bis 99 mit verschieden markierten Feldern.

a) Zu welchen Einmaleinsreihen gehören die Zahlentafeln?

b) Wie geht es weiter? Schreibe jeweils eine Zahlenfolge, die mit dem letzten farbigen Feld beginnt.

c) Finde heraus, welche Einerziffern in den verschiedenen Reihen vorkommen.

d) Wie ist das bei der Fünferreihe?

---

2 a) Wähle in der Einmaleinstafel ein beliebiges Quadrat mit 4 Feldern. Bilde die Summe der Ergebniszahlen aus den diagonal gegenüberliegenden Feldern. Erprobe mehrere Beispiele. Fällt dir etwas auf?

Quadrat:
2·7	2·8
3·7	3·8

S. 76, Nr. 2
a) 2·7 + 3·8
14 + 24 = 38

3·7 + 2·8
21 + 16 = 37

b) Notiere, was du vermutest.

c) Suche mit deinem Partner nach einer Begründung.

d) Berechnet die Summen für die beiden blauen Quadrate. Was fällt euch auf?

e) Findet weitere Paare von Quadraten, für die das auch zutrifft.

Einmaleinstafel:

	1	2	3	4	5	6	7	8	9	10
1		1·2	1·3							
2		2·2	2·3				2·7	2·8		
3							3·7	3·8		
4										
5										
6										
7										
8						8·6	8·7			
9						9·6	9·7			
10										

③ Schreibe deine Überlegungen und Lösungen in dein Heft.

·	0	1	2	3	4	5	6	7	8	9	10
0				0·3							
1					1·4						
2						2·5					
3	3·0						3·6				
4		4·1						4·7			
5			5·2						5·8		
6				6·3						6·9	
7					7·4						7·10
8						8·5					
9							9·6				
10								10·7			

a) Wie viele Aufgaben gehören zu dieser Multiplikationstafel?

b) Beschreibe den Unterschied zur Einmaleinstafel.

c) Wie viele Aufgaben gibt es links und rechts von der Diagonalen? Schreibe auf, wie du die Anzahl berechnen kannst.

d) Wie viele Aufgaben musst du rechnen, um alle Ergebnisse zu kennen? Warum ist das so?

e) Schreibe die Aufgaben der Diagonalen als Super-Päckchen in dein Heft.

④ Schreibe die Ergebnisse der farbig markierten Nebendiagonalen als Zahlenfolge auf. Erkennst du ein Muster? Versuche es zu beschreiben.

⑤ Lea hat aus Karopapier ein quadratisches Feld ausgeschnitten, das aus genau 10 · 10 Quadraten besteht.

a) Stelle ein solches Feld aus Karopapier her. Trage in die Diagonale die Quadratzahlen ein.

b) Schneide wie Lea jeweils das nächstkleinere Quadrat aus.

c) Klebe alle Teile geordnet in dein Heft. Beginne mit dem kleinen Quadrat.

d) Notiere zu jedem Teil, aus wie vielen Quadraten es besteht. Welche Zahlenfolge entsteht?

S. 77, Nr. 5

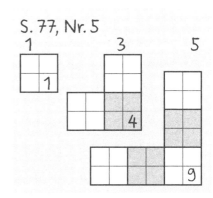

Teiler/Vielfache

① 24 Bonbons sollen gerecht verteilt werden, ohne dass ein Rest bleibt.
Wie viele Kinder können es sein?

Notiere, wie du vorgehst. Male oder schreibe in dein Heft.
Durch welche Zahlen ist 24 ohne Rest teilbar? Wie viele Zahlen hast du gefunden?

② Bestimme die Teiler von 8, 12, 14, 18.
Zeichne die Tabelle in dein Heft. Trage nur die Ergebnisse für die Aufgaben ein, bei denen kein Rest bleibt.

:	1	2	3	4	5	6	7	8	9	10	11	12	13	14	15	16	17	18
8	8	4																
12																		
14																		
18																		

③ Finde heraus und notiere im Heft:

a) Welche der Zahlen haben die meisten Teiler?

b) Welche der Zahlen sind durch 4 teilbar?

c) Welche der Zahlen haben gemeinsame Teiler? Welche Teiler sind es?

d) Welches ist der größte gemeinsame Teiler, der vorkommt?

④ Schreibe jeweils 8 Vielfache.
   a) von 9   b) von 5   c) von 6   d) von 11   e) von 12   f) von 8

⑤ Zu welchen Zahlen gehören die Vielfachen?
   a) 10, 15, 20, 25, 30, 35
   b) 35, 42, 49, 54, 63, 70
   c) 54, 72, 81, 99, 108, 117
   d) 72, 88, 96, 120, 128, 152

⑥ Welche Zahl passt nicht?

   S. 79, Nr. 6
   a) 35 ist kein Vielfaches von 6.

   a) 18, 24, 30, 35, 42   b) 72, 80, 87, 96, 104
   c) 27, 30, 32, 36, 39   d) 49, 54, 63, 70, 77
   e) 36, 45, 54, 64, 72   f) 48, 56, 64, 73, 80

⑦ Finde mindestens 5 Zahlen, die
   a) Vielfache von 5 und zugleich Vielfache von 10 sind.
   b) Vielfache von 2 und zugleich Vielfache von 3 sind.
   c) gleichzeitig Vielfache von 2 und 8 sind.

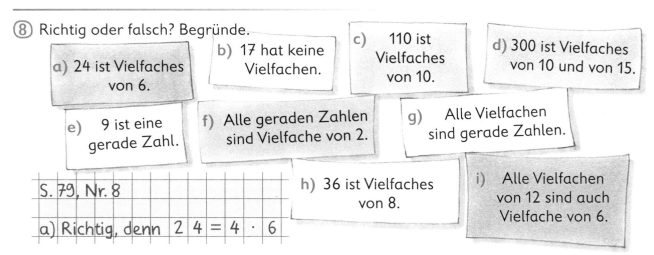

Begriffsklärung Vielfache; 4 Vielfachenmengen notieren;
5–6 Vielfachenmengen einer Zahl zuordnen, Störungen in Vielfachenmengen finden;
7 gemeinsame Vielfache von zwei Zahlen; 8 Aussagen begründet beurteilen

Multiplikation mit Zehnerzahlen

3 · 50   3 · 5   3 · 20   3 · 10   3 · 60

① Rechne wie Maria.

Ich rechne zuerst immer die einfache Aufgabe.

a) 5 · 50   b) 5 · 30   c) 5 · 60
   5 · 5   5 · 3   5 · 6

d) 4 · 50   e) 3 · 70   f) 7 · 60   g) 6 · 60   h) 8 · 40
   4 · 5   3 · 7   7 · 6   6 · 6   8 · 4

② Ali erklärt die Rechnung an der Stellentafel.

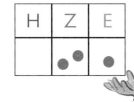 

Ich verschiebe um eine Stelle nach links.

S. 80, Nr. 2
a) 7 · 3 = 21
   7 · 30 = 210

a) 7 · 3   b) 2 · 4   c) 9 · 5   d) 6 · 3   e) 4 · 8
   7 · 30   2 · 40   9 · 50   6 · 30   4 · 80

f) 5 · 7   g) 3 · 6   h) 8 · 9   i) 4 · 2   j) 7 · 5
   5 · 70   3 · 60   8 · 90   4 · 20   7 · 50

③ Übertrage die Tabellen in dein Heft.

a)
·	4	40
3		
6		
9		

b)
·	5	50
2		
4		
8		

c)
·	7	70
5		
10		
7		

d)
·	3	30	6	60
7				
8				
9				

④ Finde passende Aufgaben.

a) 240 = ___ · ___   b) 540 = ___ · ___   c) 720 = ___ · ___   d) 120 = ___ · ___
   180 = ___ · ___   400 = ___ · ___   420 = ___ · ___   250 = ___ · ___
   320 = ___ · ___   360 = ___ · ___   560 = ___ · ___   630 = ___ · ___

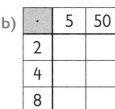

1 Multiplikation mit Zehnerzahlen in Analogie zum Einmaleins entwickeln;
2 Analogie m.H. der Stellentafel erklären und anwenden;
3 in Tabellen üben; 4 passende multiplikative Zerlegungen finden

⑤ Rechne zu jeder Aufgabe auch die Tauschaufgabe.

S. 81, Nr. 5
a) 4 · 70 = 280
   70 · 4 = 280

a) 4 · 70   b) 5 · 80   c) 4 · 40   d) 9 · 50   e) 7 · 70
   3 · 50   2 · 30   8 · 60   7 · 80   4 · 60
   6 · 90   7 · 20   6 · 70   5 · 30   7 · 90

Zahlen, die multipliziert werden, heißen Faktoren.

6 · 30 = 180
Faktor · Faktor = Produkt

Das Ergebnis heißt Produkt.

⑥ Ergänze.

a) __ · 5 = 30   b) __ · 5 = 40   c) __ · 3 = 21   d) __ · 3 = 18
   __ · 50 = 300   __ · 50 = 400   __ · 30 = 210   __ · 30 = 180

   __ · 3 = 15   __ · 4 = 16   __ · 7 = 63   __ · 9 = 27
   __ · 30 = 150   __ · 40 = 160   __ · 70 = 630   __ · 90 = 270

⑦ a) 3 · __ = 270   b) 6 · __ = 300   ⑧ a) 480 = 6 · __   b) 360 = 4 · __
   90 · __ = 270   50 · __ = 300   480 = 80 · __   360 = 90 · __

   9 · __ = 270   5 · __ = 300   480 = 8 · __   360 = 9 · __
   30 · __ = 270   60 · __ = 300   480 = 60 · __   360 = 40 · __

Ich vertausche die Faktoren so, dass beim ersten Schritt eine Zehnerzahl entsteht.

⑨ Rechne wie Super M.

S. 81, Nr. 9
a) 2 · 7 · 5 = 2 · 5 · 7 = 10 · 7 = 70

a) 2 · 7 · 5 = ___   b) 4 · 3 · 5 = ___   c) 6 · 7 · 5 = ___
   2 · 3 · 5 = ___   4 · 6 · 5 = ___   6 · 4 · 5 = ___
   2 · 8 · 5 = ___   4 · 7 · 5 = ___   6 · 9 · 5 = ___

Faktoren dürfen vertauscht werden. Das Ergebnis bleibt gleich.

d) 5 · 3 · 8 = ___   e) 6 · 4 · 5 = ___
   5 · 7 · 6 = ___   7 · 5 · 8 = ___
   5 · 9 · 4 = ___   4 · 8 · 5 = ___

⑩ Ergänze passende Zahlen.

a) 3 · ___ · ___ = 120   b) 6 · ___ · 4 = 120   c) 160 = ___ · ___ · ___
   4 · ___ · ___ = 120   5 · ___ · 3 = 120   210 = ___ · ___ · ___
   9 · ___ · ___ = 270   6 · ___ · 8 = 240   280 = ___ · ___ · ___

5 Tauschaufgaben, Weiterentwicklung der Fachsprache;
6–8 Ergänzungsaufgaben; 9 Aufgaben mit drei Faktoren durch Vertauschen vereinfachen;
10 passende Faktoren ergänzen

Halbschriftliches Multiplizieren

① Rechne wie Vedat.
a) 4 · 36
7 · 28
6 · 51
5 · 63

b) 8 · 42
9 · 32
3 · 94
6 · 58

144 196 282 288 306
315 336 348 482

② Rechne wie Tom.
a) 7 · 19
4 · 39
6 · 29
3 · 99

b) 9 · 49
5 · 69
8 · 89
4 · 59

133 156 174 236 297
345 441 567 712

③ Rechne wie Sina.
a) 4 · 112
2 · 350
3 · 222
6 · 110

b) 5 · 120
4 · 220
3 · 231
4 · 150

448 600 600 660 666
693 700 880 999

④ Rechne geschickt.
a) 8 · 19
4 · 53
6 · 43
4 · 212
3 · 232

b) 7 · 46
9 · 89
6 · 73
4 · 221
5 · 140

c) 4 · 59
6 · 74
8 · 36
9 · 111
3 · 333

d) 9 · 29
6 · 45
7 · 68
5 · 112
4 · 122

e) 5 · 86
4 · 202
8 · 39
2 · 443
3 · 123

152 212 236 258 261 270 288 312 322 369 430 438 444 476 488 560 696 700 704
801 808 848 884 886 999 999

⑤ Was fällt dir auf?
a) 2 · 34
4 · 34
8 · 34

b) 2 · 25
4 · 25
8 · 25

c) 2 · 35
4 · 35
8 · 35

d) 2 · 68
4 · 68
8 · 68

e) 2 · 75
4 · 75
8 · 75

f) Erfinde ein eigenes Päckchen.

1–3 verschiedene Denk- und Rechenwege nachvollziehen und erproben;
4 aufgabenbezogen einen geschickten Weg nutzen;
5 Verdopplung als Lösungsstrategie

6 Wie viele Früchte sind es?

a) Schreibe und rechne die Aufgaben.

b) Von jeder Sorte werden drei Kisten dazugestellt.

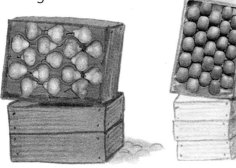

3 · 17 = ___   4 · 27 = ___   6 · ___ = ___   ___ · ___ = ___

7
a) 6 · 36	b) 5 · 42	c) 6 · 59	d) 4 · 133	e) 5 · 142
7 · 37	5 · 44	5 · 59	4 · 135	5 · 144
8 · 38	5 · 46	4 · 59	4 · 137	5 · 146
9 · 39	5 · 48	3 · 59	4 · 139	5 · 148

8 Suche dir jeweils 3 Aufgaben zum Rechnen aus und begründe, warum du gerade diese Aufgaben gewählt hast.

a) 30 · 6	b) 4 · 19	c) 2 · 75	d) 47 · 3	e) 5 · 79
32 · 6	4 · 20	3 · 75	48 · 3	5 · 80
35 · 6	4 · 25	4 · 75	49 · 3	5 · 85
39 · 6	4 · 28	5 · 75	50 · 3	5 · 91
40 · 6	4 · 31	6 · 75	51 · 3	5 · 99

9 Addiere jeweils die beiden Ergebnisse. Was fällt dir auf? Erkläre.

a) 6 · 68	4 · 55	7 · 29	3 · 38	8 · 57
6 · 32	4 · 45	7 · 71	3 · 62	8 · 43

b) 3 · 178	2 · 255	4 · 123	5 · 137	3 · 167
3 · 122	2 · 245	4 · 127	5 · 63	3 · 133

Finde neue Zahlenfolgen.

10 Zahlenfolgen

a) 12, 24, 36, …, 120

b) 120, 240, …, 1200

c) 15, 30, 45, …, 150

d) 150, 300, …, 1500

e) 25, 50, 75, …, 250

f) 250, 500, …, 2500

11 29, 79, 129, 179, …

a) jede Zahl mal 2

b) jede Zahl mal 4

Division mit Zehnerzahlen

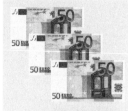 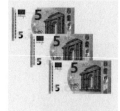  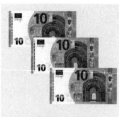

150 : 3   15 : 3   300 : 3   30 : 3

① Rechne wie Maria.

Ich rechne zuerst immer die einfache Aufgabe.

a) 150 : 3
   15 : 3

b) 240 : 4
   24 : 4

c) 350 : 7
   35 : 7

d) 420 : 6
   42 : 6

e) 210 : 3
   21 : 3

f) 400 : 5
   40 : 5

g) 640 : 8
   64 : 8

h) 810 : 9
   81 : 9

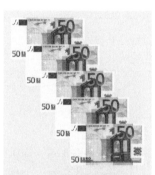   

250 : 50   25 : 5   120 : 20   12 : 2

② Löse auch diese Aufgaben im Heft.

a) 250 : 50
   25 : 5

b) 210 : 30
   21 : 3

c) 720 : 80
   72 : 8

d) 630 : 90
   63 : 9

e) 560 : 80
   56 : 8

f) 320 : 40
   32 : 4

Super einfach – dasselbe Ergebnis

③ 3 Zahlen – 4 Aufgaben

a)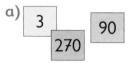

270 : 3 = 90
270 : 90 = ___
3 · 90 = 270
90 · 3 = ___

b)

200 : 4 = ___
200 : 50 = ___
4 · 50 = ___
50 · 4 = ___

c) 420, 7

420 : 7 = ___
420 : ___ = 7
7 · ___ = ___
___ · 7 = ___

d)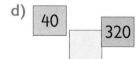

320 : ___ = ___
320 : ___ = ___
___ · ___ = ___
___ · ___ = ___

④ Löse mit Hilfe der einfachen Aufgabe.

a) 240 : 6	b) 360 : 9	c) 140 : 70	d) 720 : 80	e) 640 : 80
280 : 7	560 : 7	320 : 80	540 : 90	640 : 8
300 : 6	490 : 7	180 : 20	420 : 70	360 : 40
400 : 8	810 : 9	270 : 30	360 : 60	360 : 4

Zeichne die Tabellen in dein Heft und rechne die Aufgaben.

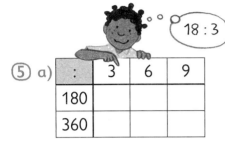
18 : 3

⑤ a)

:	3	6	9
180			
360			

b)

:	40	60	80
240			
480			

c)

:	20	40	80
160		4	
320			

⑥ a)

:	30		60
	4		
240		6	

b)

:		20	
140			2
	28	14	

c)

:	3	5	15
		30	
300			

⑦ Bearbeite die Sachaufgaben im Heft.

Das weiß ich schon:

Das will ich wissen:

So finde ich das heraus:

Das weiß ich jetzt: _____

a) Für das Silber-Abzeichen muss Lea 400 m schwimmen.

Wie viele 50-m-Bahnen sind das?

b) Mio ist 250 m geschwommen.

c) Max schafft schon 500 m.

d) Nina schwimmt 1000 m.

⑧ Am Blumenstand

a) Sina kauft 8 Tulpen. Sie bezahlt 5,60 €.

b) Marco kauft 5 Gerbera. Er muss 4,50 € bezahlen.

c) Frau Arens möchte 4 Tulpen und 6 Gerbera kaufen. Reichen 8 €?

Der Strauß hat 7,20 € gekostet.

Halbschriftliches Dividieren

① Beschreibe die Lösungswege der Kinder. Vergleiche.

Nele   Naomi

② Zerlege wie Naomi und rechne im Heft.

a) 48 : 3   b) 75 : 5   c) 126 : 3   d) 288 : 6   e) 342 : 3
   64 : 4   84 : 3   248 : 4   512 : 8   342 : 6
   90 : 6   91 : 7   475 : 5   189 : 7   342 : 9

13 15 15 16 16 27 28 38 42 48 57 62 64 73 95 114

③ Rechne auch die Probe.

S. 86, Nr. 3   Probe:
a) 186 : 3 = 62   62 · 3 = 186
   180 : 3 = 60   60 · 3 = 180
     6 : 3 = 2   2 · 3 =   6

a) 186 : 3   b) 637 : 7   c) 423 : 9
   428 : 4   328 : 8   208 : 8
   654 : 6   232 : 4   294 : 3
   355 : 5   234 : 6   392 : 7

26 39 41 47 56 58 62 71 89 91 98 107 109

④ Rechne geschickt. Löse zuerst die leichte Aufgabe.

a) 177 : 3   b) 232 : 4   c) 534 : 6   d) 406 : 7   e) 351 : 9
   180 : 3   236 : 4   540 : 6   413 : 7   360 : 9
   183 : 3   240 : 4   546 : 6   420 : 7   369 : 9

1 geschicktes Zerlegen in teilbare Summanden;
2–4 Übungsaufgaben

⑤ Beim Flohmarkt hat die Regenbogenschule viel Geld eingenommen.
Was willst du wissen? Notiere, berechne und antworte im Heft.

FLOHMARKT
Samstag 10–16 Uhr

a) Die vier Klassen aus dem 3. und 4. Schuljahr haben zusammen beim Getränkestand 96 € eingenommen.

b) Die Cafeteria der vier Klassen der Schuleingangsphase hatte einen Gewinn von 104 €.

c) Pro Tisch wurden 4 € Standmiete bezahlt. Die Einnahmen betrugen 272 €.

d) Wie viel Geld wurde insgesamt eingenommen?

Von den Einnahmen des Flohmarkts sollen Pausenspiele für die acht Klassen gekauft werden. Der Förderverein erhöht den Betrag auf 660 €.
Tom rechnet aus, wie viel Geld die einzelnen Klassen bekommen.

⑥ Rechne wie Tom.

a) 125 € : 4	b) 185 € : 4
250 € : 8	247 € : 8
375 € : 6	300 € : 6
418 € : 5	266 € : 5

⑦ Rechne zuerst die Aufgaben ohne Rest.

a) 130 : 5	b) 238 : 6	c) 349 : 7	d) 557 : 8	e) 300 : 5
131 : 5	239 : 6	350 : 7	558 : 8	300 : 6
132 : 5	240 : 6	351 : 7	559 : 8	300 : 7
133 : 5	241 : 6	352 : 7	560 : 8	300 : 8

⑧ a) Finde Aufgaben und rechne sie aus.

b) Finde Aufgaben, die einen Rest haben.

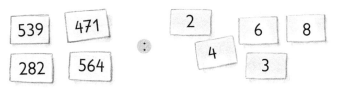

⑨ Notiere die passende Aufgabe.

a) Der dritte Teil von 324 ist …

b) Ein Viertel von 256 ist …

c) Ein Sechstel von 228 ist …

d) 67 ist der fünfte Teil von …

⑩ Beim Flohmarkt

a) In der Cafeteria wurden 208 Waffeln verkauft. 4 Mütter haben gleichzeitig gebacken. Wie viele Waffeln hat jede Mutter gebacken?

b) 192 Tassen Kaffee wurden getrunken. Aus einer Kanne wurden immer 8 Tassen gefüllt.

c) Am Getränkestand wurden 250 Becher Apfelsaft ausgegeben. Aus einer Flasche konnten 6 Becher gefüllt werden.

Punktrechnung vor Strichrechnung

① Wer hat richtig gerechnet? Begründe. Beschreibe den Rechenweg der Kinder. Erkläre, warum die Ergebnisse verschieden sind.

Punktrechnung (·, :) geht **vor** Strichrechnung (+, –)!

② Rechne aus. Achte auf die neue Regel.

a) 8 + 4 · 4
3 + 6 · 6
4 + 9 · 7

b) 7 + 3 · 8
2 + 5 · 5
8 + 6 · 9

c) 5 + 6 · 4
7 + 6 · 3
9 + 6 · 2

d) 100 – 2 · 9
100 – 3 · 8
100 – 4 · 7

e) 120 – 5 · 6
150 – 6 · 7
180 – 7 · 8

21 24 25 27 29 31 39 52 62 67 72 76 82 90 108 124

③ Auch hier gilt die Regel: Punktrechnung vor Strichrechnung!

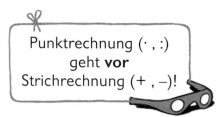

a) 2 · 8 + 3 · 5
2 · 6 + 4 · 7
5 · 8 + 2 · 4

b) 4 · 7 + 3 · 8
6 · 8 + 7 · 7
8 · 9 + 9 · 3

c) 7 · 9 – 2 · 9
8 · 8 – 3 · 8
9 · 7 – 4 · 7

31 35 39 40 40 45 48 52 97 99

④ Auf jedem Zettel haben sich zwei Fehler eingeschlichen.
Kontrolliere und schreibe dann die Aufgaben richtig in dein Heft.

a) 5 · 3 + 7 = 22
8 + 6 · 6 = 44
30 − 8 · 3 = 66
7 · 6 − 4 = 14

b) 6 · 2 + 4 · 3 = 24
5 · 6 − 8 = 22
9 + 4 · 2 = 26
8 · 7 − 2 = 40

c) 4 · 7 + 3 = 40
8 · 8 − 5 = 59
50 − 3 · 3 = 41
5 · 8 + 2 = 50

d) 4 · 6 − 2 · 3 = 48
9 + 7 · 2 = 23
80 − 5 · 8 = 40
27 + 3 · 3 = 90

⑤ Auch hier gilt die Regel.

a) 4 + 45 : 5
48 − 8 : 2
2 + 63 : 7

b) 60 − 10 : 2
28 + 14 : 7
3 · 7 + 3 · 6

c) 24 − 8 : 4
90 : 9 − 10
6 · 70 − 8 : 4

d) 180 − 40 : 5
60 · 3 − 2 · 9
250 + 80 : 8

⑥ Setze +, −, · oder : so ein,
dass die Rechnung stimmt.

S. 89, Nr. 6
a) 7 + 3 · 4 = 1 9

a) 7 ○ 3 ○ 4 = 19
5 ○ 9 ○ 4 = 49
9 ○ 9 ○ 5 = 54
3 ○ 8 ○ 4 = 20

b) 6 ○ 9 ○ 4 = 50
6 ○ 9 ○ 4 = 58
6 ○ 9 ○ 4 = 42
6 ○ 9 ○ 4 = 11

c) 40 ○ 8 ○ 14 = 19
40 ○ 8 ○ 4 = 72
40 ○ 8 ○ 3 = 16
40 ○ 8 ○ 10 = 120

⑦ Urlaubspläne. Schreibe die Rechnung in einer Aufgabe.

a) Max verreist in den Sommerferien zwei Wochen und vier Tage.

b) Nele besucht ihre Oma, sie bleibt zwei Tage länger als 3 Wochen.

c) Ali fährt für 2 Wochen in ein Fußball-Trainingslager und
anschließend 3 Wochen mit seinen Eltern ans Meer.

d) Maria besucht 5 Tage einen Reitkurs und fährt danach 2 Wochen nach Italien.

⑧ Berechne die Kosten im Heft. Notiere immer nur eine Rechnung.

a) Die Klasse 3a bestellt drei Softfußbälle und ein Diabolo.

b) Die Klasse 3b kauft ein Boccia-Spiel und zwei Indiaca-Tennis-Spiele.

c) Die Klasse 4a möchte drei Federballspiele und einen Softfußball haben.

d) Zwei Softfußbälle, ein Diabolo und ein Boccia-Spiel bestellt die Klasse 4b.

Softfußball
19 €

Boccia
14 €

Federballspiel
21 €

Indiaca-Tennis
26 €

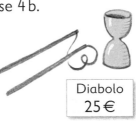
Diabolo
25 €

Ungleichungen

① Welche Zahlen passen? Notiere alle möglichen Ungleichungen.

a) __ · 20 < 100   b) __ · 30 < 200   c) __ · 40 < 250   d) __ · 100 < 450

e) __ · 60 < 450   f) __ · 50 < 300   g) __ · 80 < 500   h) __ · 150 < 750

Setze <, = oder > ein.

② a) 4 · 40 ○ 320   b) 6 · 50 ○ 250   c) 10 · 100 ○ 999   d) 4 · 100 ○ 500
   5 · 40 ○ 320   5 · 50 ○ 250   9 · 100 ○ 999   4 · 125 ○ 500
   6 · 40 ○ 320   4 · 50 ○ 250   30 · 30 ○ 999   4 · 150 ○ 500
   7 · 40 ○ 320   3 · 50 ○ 250   20 · 50 ○ 999   3 · 150 ○ 500
   8 · 40 ○ 320   2 · 50 ○ 250   10 · 90 ○ 999   2 · 250 ○ 500
   9 · 40 ○ 320   10 · 25 ○ 250   3 · 333 ○ 999   5 · 110 ○ 500

③ a) 500 : 5 ○ 70   b) 400 : 8 ○ 60   c) 240 : 3 ○ 90   d) 360 : 10 ○ 40
   450 : 5 ○ 70   480 : 8 ○ 70   240 : 4 ○ 50   360 : 12 ○ 30
   400 : 5 ○ 70   480 : 6 ○ 80   240 : 6 ○ 40   360 : 20 ○ 20
   350 : 5 ○ 70   560 : 7 ○ 90   240 : 8 ○ 40   360 : 30 ○ 10
   300 : 5 ○ 70   630 : 9 ○ 70   240 : 10 ○ 20   360 : 60 ○ 5
   250 : 5 ○ 70   700 : 7 ○ 90   240 : 12 ○ 15   360 : 120 ○ 3

④ Notiere alle möglichen Lösungszahlen.

a) Meine Zahlen liegen zwischen 400 und 500. Die Zehner- und die Einerstelle haben die gleiche Ziffer.
Naomi

b) Meine Zahlen bestehen aus 6 Hundertern und einem Vielfachen von 11.
Anne

c) Meine Zahlen sind größer als 690, aber kleiner als 699.
Mona

5 Setze <, = oder > ein.

a) 4 · 7 + 3 · 7 ◯ 7 · 7
2 · 6 + 6 · 6 ◯ 7 · 6
5 · 8 − 2 · 8 ◯ 6 · 4
7 · 9 − 4 · 9 ◯ 30

b) 4 · 6 + 40 ◯ 8 · 8
5 · 5 + 35 ◯ 7 · 9
9 · 9 − 50 ◯ 6 · 5
8 · 7 − 40 ◯ 4 · 4

c) 5 · 7 + 8 ◯ 5 + 7 · 8
3 + 6 · 4 ◯ 3 · 6 + 4
8 − 3 · 2 ◯ 8 · 3 − 2
10 · 4 − 7 ◯ 80 − 4 · 7

6 Setze passende Zahlen ein.

a) 3 · 250 < 1000 − ___
2 > 1000 − ___
6 · 90 < 500 + ___
4 · 60 > 240 + ___

b) 150 · 4 < 600 + ___
480 : 6 > 250 − ___
999 < 100 · ___
30 · 9 < 280 + ___

c) 20 · 50 > 750 + ___
850 − ___ > 300 · 3
222 + 444 < 70 · ___
720 : 8 < 500 − ___

d) 670 < 250 + ___
710 − ___ > 2 · 250
888 : 2 < 333 + ___
560 : 7 > 240 : ___

Achtung: Bei manchen Aufgaben gibt es keine Lösung!

Ich muss um 18 Uhr zu Hause sein!

Da bleibt weniger als eine Stunde!

7 Vergleiche die Zeitspannen. Setze <, = oder > ein.

a) 55 min ◯ 1 h
65 min ◯ 1 h
90 min ◯ 2 h
100 min ◯ 2 h
___ min = 2 h

b) 4 h ◯ 200 min
3 h ◯ 200 min
4 h ◯ 300 min
10 h ◯ 500 min
12 h = ___ min

c) 30 min + 90 min ◯ 2 h
70 min − 45 min ◯ $\frac{1}{2}$ h
60 min + 10 min ◯ 1 h
200 min − 50 min ◯ 2 h
200 min + ___ min = 4 h

8 Länger, kürzer oder gleich lang?
Vergleiche die Zeitspannen, indem du eine Ungleichung notierst.

a) Max benötigt eine Stunde für seine Hausaufgaben. Tim ist nach 42 Minuten fertig.

b) Mio hat 100 Minuten auf dem Fußballplatz trainiert, Vedat 2 Stunden 15 Minuten.

c) Anne hat ihre Freundin Sina besucht und ist $1\frac{1}{2}$ Stunden geblieben.
Maria war mit Nele im Kino. Die Vorstellung hat 125 Minuten gedauert.

d) Mutter muss heute 400 Minuten arbeiten, Vater $6\frac{3}{4}$ Stunden.

Das kann ich schon!

1 Multiplikation

a) Rechne im Kopf oder halbschriftlich.

4 · 70	40 · 8	3 · 24	2 · 446
5 · 80	50 · 7	5 · 56	3 · 284
6 · 90	60 · 6	6 · 37	5 · 157

Erst nachdenken, dann rechnen!

b) Vergleiche die Päckchen, bevor du anfängst. Rechne geschickt.

3 · 26	6 · 26	4 · 108	8 · 108
3 · 54	6 · 54	4 · 113	8 · 113
3 · 75	6 · 75	4 · 118	8 · 118

c) Schreibe die Zahlenfolgen vollständig auf.

70, 140, ___, ___, ___, ___, ___, ___, ___, 700

___, ___, 270, 360, ___, ___, ___, ___, ___, ___

d) Schreibe die Aufgaben in der Reihenfolge, in der du sie rechnest. Beginne bei der einfachsten Aufgabe.

7 · 78	4 · 186	6 · 157	4 · 236
5 · 78	2 · 186	5 · 157	4 · 230
2 · 78	6 · 186	3 · 157	4 · 224

e) Bilde jeweils die Summe der beiden Ergebnisse und schreibe dazu eine passende Aufgabe. Was fällt dir auf? Notiere.

2 · 30	6 · 70	4 · 50	2 · 90	4 · 67	5 · 14
8 · 30	4 · 70	6 · 50	8 · 90	4 · 133	5 · 186

2 Teiler und Vielfache

a) Welche Zahlen sind gemeinsame Teiler von 18 und 24?

Tabellen sind praktisch und hilfreich.

b) Finde alle Vielfachen
– von 6, die größer als 45 und kleiner als 70 sind,
– von 4, die nicht Vielfache von 8 und kleiner als 40 sind.

c) Finde zwei Zahlen, die außer der 1 drei gemeinsame Teiler besitzen.

Meine Zahl liegt zwischen 10 und 20. Sie ist Teiler von 60 und Vielfaches von 5.
Ali

Welche Zahlen sind kleiner als 20 und haben genau 6 Teiler?
Lea

Meine Zahl ist größer als 20 und kleiner als 29 und hat genau 2 Teiler.
Max

1 Sicherheit beim Multiplizieren (auch von Zehnerzahlen) nachweisen;
2 Teiler und Vielfache bestimmen, Zahlenrätsel lösen

3 Division

a) Rechne im Kopf oder halbschriftlich.

300 : 50	360 : 40	480 : 60	280 : 40
360 : 60	540 : 60	560 : 70	490 : 70
420 : 70	720 : 80	720 : 90	630 : 90

Wie heißt die einfache Aufgabe?

b) Vergleiche die Päckchen, bevor du anfängst. Rechne geschickt.

240 : 40	270 : 30	720 : 80	720 : 9
300 : 50	360 : 40	560 : 70	560 : 8
360 : 60	540 : 60	350 : 50	350 : 7

c) Schreibe die Zahlenfolgen vollständig auf.

800, 720, 640, ___, ___, ___, ___, ___, ___, ___

___, ___, ___, 128, 64, ___, ___, ___, ___, ___

d) Was fällt dir auf? Beschreibe. Finde eigene Beispiele.

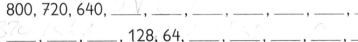

360 : 40	480 : 80	720 : 90	630 : 70	___ : 60
240 : 40	160 : 80	360 : 90	490 : 70	___ : ___
120 : 40	320 : 80	___ : ___	___ : ___	___ : ___

e) Rechne geschickt.

872 : 8	912 : 2	945 : 3	756 : 2
763 : 7	912 : 4	945 : 5	756 : 4
654 : 6	912 : 6	945 : 7	756 : 7

4 Rechenregeln
Verschiedene Rechenzeichen in einer Aufgabe

a) Schreibe die Regel auf: $3 + 4 \cdot 7 = 3 + 28 = 31$

b) Achte beim Lösen auf die Regel.   **c) Überprüfe. Korrigiere.**

3 + 4 · 7	35 − 3 · 9	15 + 3 · 9 = 90	6 + 3 · 6 = 4 · 6
6 + 5 · 5	43 − 7 · 5	19 − 2 · 5 = 7	8 + 5 · 8 = 8 · 5
7 + 6 · 4	36 − 4 · 7	27 + 9 · 7 = 90	9 + 6 · 9 = 7 · 9

5 Ungleichungen
Welche Zahlen passen? Notiere für alle Ungleichungen ein Beispiel.

a) ___ · 20 < 200	b) ___ · 30 < 220	c) ___ · 40 < 270	d) ___ · 100 < 600
e) ___ · 60 < 480	f) ___ · 50 < 350	g) ___ · 80 < 400	h) ___ · 150 < 600
i) ___ · 70 < 400	j) ___ · 90 < 540	k) ___ · 25 < 175	l) ___ · 175 < 600

3 Sicherheit beim Dividieren (auch durch Zehnerzahlen) nachweisen;
4 Punkt vor Strich als Rechenregel beachten;
5 Einsetzungen so vornehmen, dass wahre Aussagen entstehen

Körper

① Die geometrischen Körper kommen als Bauform an vielen Gebäuden vor. Notiere im Heft, welche du auf den Fotos erkennst.

a)

b)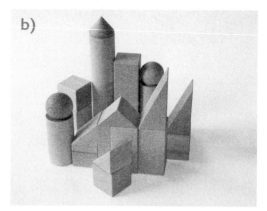

	Würfel	Quader	Dreiecksprisma	Zylinder	Kugel	Kegel	Pyramide
Foto a)							
Foto b)							

② Wie viele Ecken, Flächen, Kanten haben die verschiedenen Körpergrundformen? Übertrage die Tabelle in dein Heft und fülle sie aus.

	Würfel	Quader	Dreiecksprisma	Zylinder	Kugel	Kegel	Pyramide
Ecken							
Flächen	6						
Kanten							

③ Wie oft kommen die verschiedenen Körpergrundformen vor?

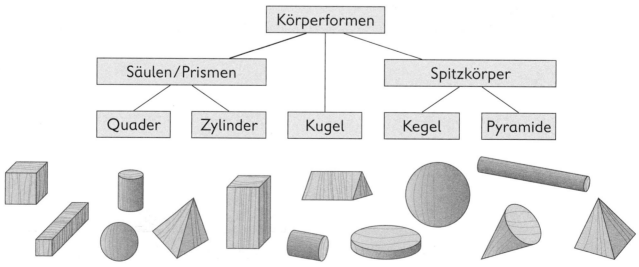

1 St. Michael (1010), Hildesheim, Körpergrundformen an Gebäuden identifizieren und tabellarisch erfassen;
2 Körpergrundformen durch die Anzahl von Ecken, Flächen und Kanten beschreiben;
3 Körpergrundformen systematisieren

Körpernetze

① Ordne sechs Quadrate wie im Beispiel an.
Füge sie mit Klebstreifen zu einer zusammenhängenden Fläche zusammen.
Richte daraus einen Würfel auf.

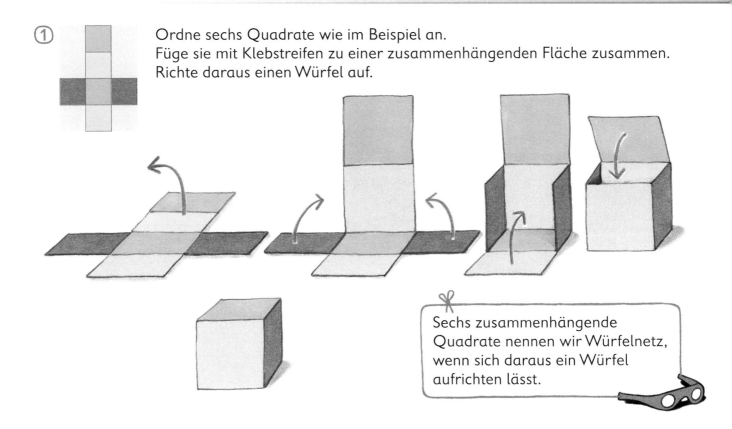

Sechs zusammenhängende Quadrate nennen wir Würfelnetz, wenn sich daraus ein Würfel aufrichten lässt.

② Welche Figuren aus sechs Quadraten bilden ein Würfelnetz?
Versuche, dir vorzustellen, ob ein Würfel aufgerichtet werden kann,
oder probiere mit quadratischen Notizzetteln.

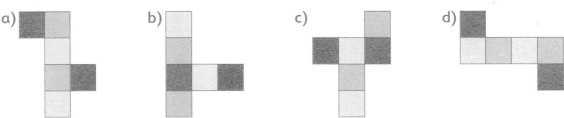

③ Baue aus dem vorgefertigten Quadernetz (Stanzbeilage) einen Quader.
Die gegenüberliegenden Flächen sind wie beim Würfel gleich eingefärbt.
Übertrage die Quadernetze in dein Heft. Finde weitere Quadernetze.

1 Würfelnetz erzeugen und zum Würfel aufrichten;
2 Würfelnetze von Figuren unterscheiden, die nicht Würfelnetze sind;
3 Quader bauen, verschiedene Quadernetze zeichnen

Vergrößern – verkleinern

Figuren lassen sich mit Hilfe des Karorasters leicht vergrößern oder verkleinern.

① **Vergrößern.** Übertrage die Zeichnungen in dein Heft.

② Zeichne die Figuren vergrößert wie in Aufgabe 1 in dein Heft.

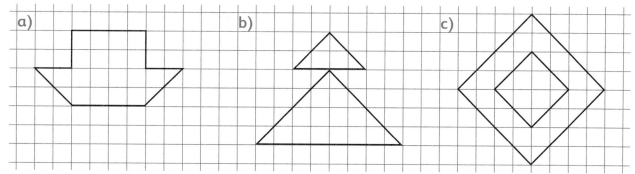

③ **Verkleinern.** Übertrage die Zeichnungen in dein Heft.

④ Zeichne die Figuren aus Aufgabe 2 verkleinert wie in Aufgabe 3 in dein Heft.

Vergrößern/verkleinern auf Karopapier;
1 und 3 Zeichnungen übertragen; 2 alle Streckenlängen werden verdoppelt;
4 alle Streckenlängen werden halbiert

⑤ a) Vergleiche Bild und Wirklichkeit.

1 cm auf dem Bild
steht für
3 cm in der Wirklichkeit.

Wie lang ist die Schildkröte
in Wirklichkeit?

3 cm auf dem Bild
stehen für
1 cm in Wirklichkeit.

Wie lang ist die Wespe
in Wirklichkeit?

b) Schreibe in dein Heft.
Welches Tier erscheint auf dem Bild verkleinert, welches vergrößert?

1 cm auf dem Bild
steht für
3 cm in der Wirklichkeit.

verkleinert

Maßstab 1 : 3

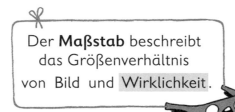

Der **Maßstab** beschreibt das Größenverhältnis von Bild und Wirklichkeit.

3 cm auf dem Bild
stehen für
1 cm in Wirklichkeit.

vergrößert

Maßstab 3 : 1

---

⑥ Der Eiffelturm ist weltbekannt. Er steht seit rund 120 Jahren mitten in Paris, der Hauptstadt von Frankreich. Benannt wurde er nach seinem Erbauer Gustave Eiffel. Der Eiffelturm ist 300 m hoch.

Die Nachbildung des Eiffelturms im Freizeitpark „France miniature" ist genau 10 m hoch. Der Schlüsselanhänger ist 6 cm hoch.

| Originalturm | Nachbildung | Schlüsselanhänger |

Vergleiche Nachbildung und Originalturm.
Wievielmal so groß ist der Eiffelturm in Wirklichkeit? Notiere auch den Maßstab.

Räumliche Orientierung

Im Frankfurter Zoo gibt es viel zu sehen. Die Kinder orientieren sich.
Auf dem Lageplan bilden Zeilen und Spalten ein Netz von Quadraten.
Jedes hat als Namen die Kombination aus Zahl und Buchstabe.

2 B bezeichnet das Quadrat in der zweiten Zeile in Spalte B.

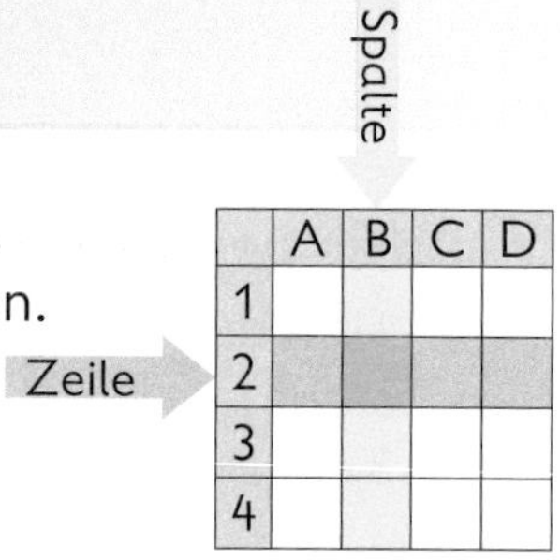

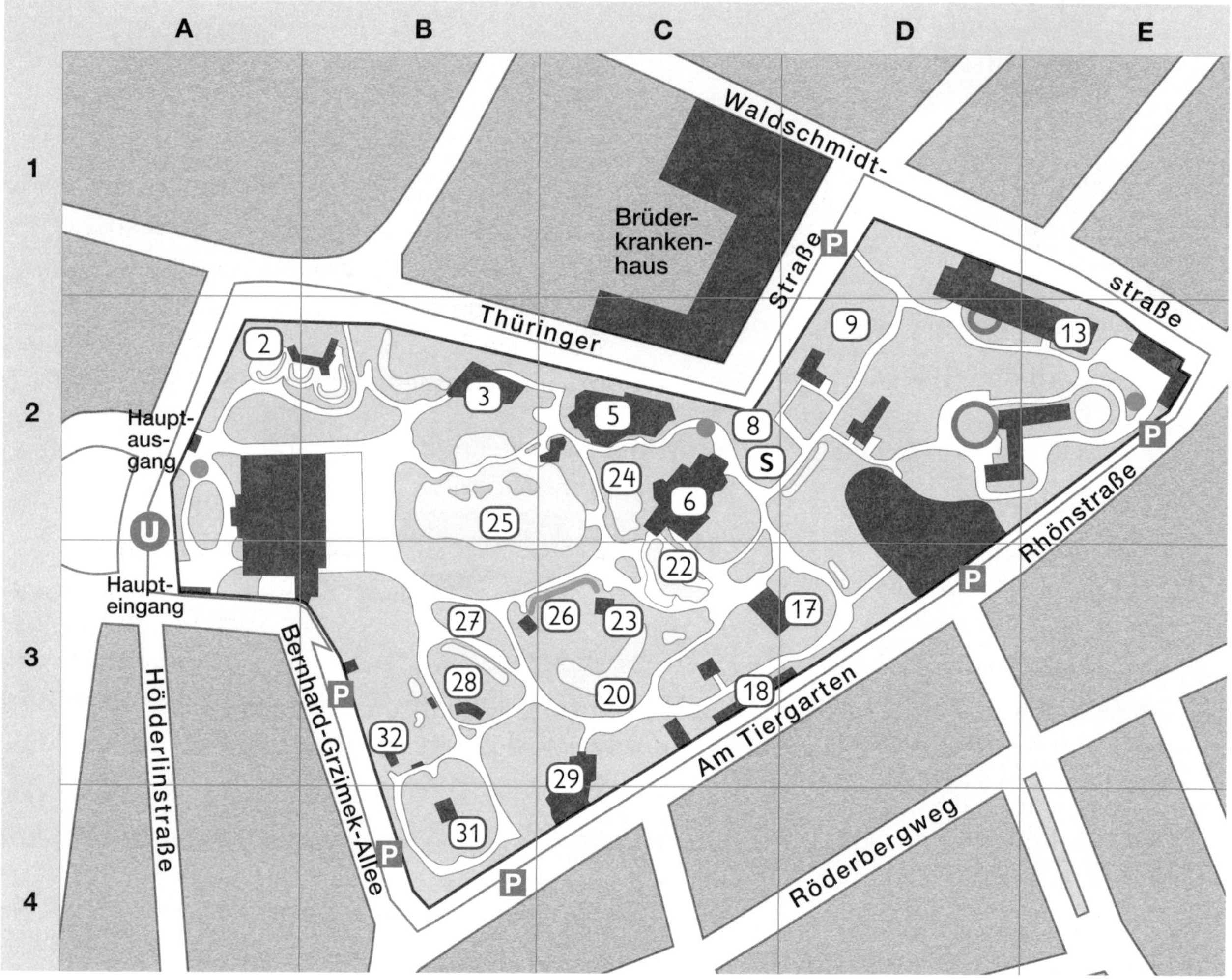

① Lest den Lageplan. Findet heraus, in welchem Planquadrat die Gehege der verschiedenen Tiere sind. Schreibt ins Heft wie im Beispiel.

S. 98, Nr. 1

Affen   2 C

2 Bären	17 Nashornhaus	26 Trampeltiere
3 Katzendschungel	18 Greifvögel	27 Streichelzoo
5 Affen	20 Vogelwiese	28 Zebras
6 Exotarium	22 Robbenklippen	29 Giraffenhaus
8 Kängurus	23 Ponys	31 Antilopen
9 Windhunde	24 Pelikane	32 Mähnenwolfpampa
13 Eulen	25 Großer Weiher	S Spielplatz ● Lageplan

② Was findest du im Planquadrat 3 B (2 C, 2 D)? Schreibe in dein Heft.

Orientierung auf einem vereinfachten Lageplan mittels Planquadraten;
1 ablesen der Planquadrate zu vorgegebenen Tiergehegen;
2 Angabe von Tiergehegen in vorgegebenen Planquadraten

③ Schreibe jeweils die Planquadrate von Start und Ziel auf und beantworte die Fragen.

Jan: Von den Greifvögeln zum Streichelzoo

a) Jan nimmt den kürzesten Weg. Auf welcher Seite des Weges sieht er die Vogelwiese? In welche Richtung muss er an der nächsten Kreuzung abbiegen?

Nele: Vom Streichelzoo zu den Affen

b) Nele geht an der Wiese vorbei, die vor dem großen Weiher liegt. Welche Tiere leben rechts von diesem Weg? In welche Richtung muss sie an der Kreuzung in 3 C abbiegen? Bevor sie ihr Ziel erreicht, sieht sie rechts vom Weg noch einen kleinen Teich. Wer lebt dort?

Lars: Von den Eulen zum Spielplatz

c) Lars will sich den Weg vorher noch einmal am Lageplan anschauen. Wo hängt der nächste Lageplan? „Also zurück und an den Eulen vorbei", sagt er. Auf welcher Seite des Weges sind die Eulen zu Hause? In welchem Planquadrat liegt die nächste Kreuzung? In welche Richtung muss er abbiegen?

④ Sina steht auf dem Weg im Planquadrat 4 B. Links sieht sie die Antilopen.

a) Welche Tiere leben rechts von ihr?

b) Sina möchte zur Vogelwiese. In welche Richtung muss sie an der nächsten Kreuzung abbiegen?

c) Anschließend geht sie weiter zum Nashornhaus. In welche Richtung biegt sie jetzt ab?

Du bist auf dem richtigen Weg, wenn du siehst, was in der Skizze steht.

⑤ Zeichne eine Skizze in dein Heft. Trage ein, was Tom rechts und links des Weges sieht.

Tom: Ich stehe bei den Greifvögeln. Wie komme ich zum Hauptausgang?

Würfelgebäude

① Baue nach. Verwende immer 12 Würfel. Achte auf die verschiedenen Bauplätze. Schreibe die zugehörigen Baupläne in dein Heft.

a) 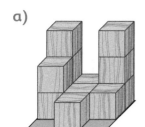   b) 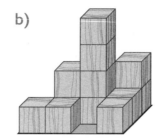   c)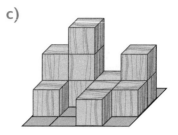

② Baue nach Plan.

a)
4	2	3
2	1	1
1	1	

b)
3	4	3
1	3	
	1	

c)
2	3	4
1	2	1
	1	1

d)
	3	2
4	3	1
1	1	

e)
2	1	2	
1	1	1	1
2	1	2	
	1		

③ Zählen – sehen und wissen.

Wie viele Würfel siehst du? Wie viele Würfel sind es sicher?
Wie viele sind höchstens möglich? Schreibe in dein Heft wie im Beispiel.

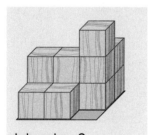

Ich sehe: 9
Ich weiß sicher: 11
Möglich:
höchstens 13

a) 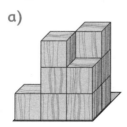   b) 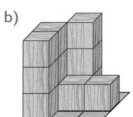   c)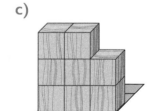

d) 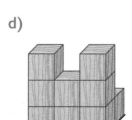   e) 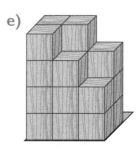   f)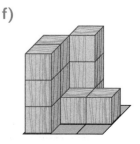

④ Wie viele Würfel sicher? Wie viele Würfel höchstens?
Baue nach auf einem 3 x 4-Bauplatz. Schreibe jeweils zwei Baupläne.

a)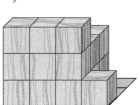
b)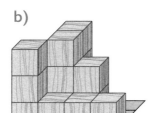
c)
d)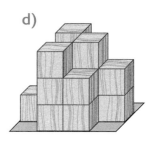

⑤ Immer gleich viele Würfel
Baue nach, schreibe die Baupläne.

a)
b)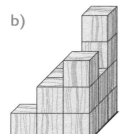
c)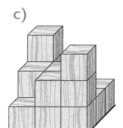
d)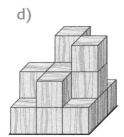

⑥ Zu welchem Kind gehört welcher Bauplan?

A	4	2	1	
	2			
	2	2		
		1		

B		2	2	4
	1	2		2
				1

C				
	1			
	2		2	1
	4	2	2	

D			1	
		2	2	
				2
	1	2	4	

4 nachbauen, jeweils 2 Baupläne schreiben (sicher/möglich);
5 nachbauen; 6 Baupläne den Kindern zuordnen

Mit Somateilen bauen

① a) Baue nach Plan. Verbinde die Einzelwürfel zu Vierlingen.
b) Stelle auch den gelben Drilling her.
c) Wie viele Einzelwürfel brauchst du insgesamt?

Drilling

1		
1		
1	1	

	1	
1	1	1

1	1	
	1	1

2	1	
1		

1		
1	2	

		1
	2	1

 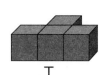

L · T · Z · Ecke · linke Hand · rechte Hand

Diese 7 Teile heißen Somateile.

② Dieselben Vierlinge in veränderter Lage

a) Schreibe zu jedem Teil wieder einen Bauplan.
b) Vergleiche die Baupläne in den Aufgaben 1 und 2.
c) Beschreibe Gemeinsamkeiten und Unterschiede der linken und rechten Hand.
d) Schreibe zu jedem Teil noch einen weiteren Bauplan.

 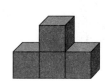 

③ a) Ordne die Somateile auf einem 5×5-Bauplan so an, dass möglichst viele Felder des Plans belegt sind.
b) Auf wie vielen Feldern liegen 2 Würfel übereinander? Wie viele Felder bleiben leer?
c) Bringe jetzt alle Teile auf einem 4×4-Bauplan unter. Finde verschiedene Möglichkeiten.
d) Wie viele zweistöckige Türme entstehen, wenn alle Felder bebaut sind?

④ Baue die Gebäude aus zwei Somateilen nach.
Schreibe ins Heft, welche Teile jeweils verwendet wurden.
Welche Farbe müsste der zweite Teil haben?

a) 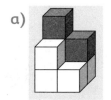   b) 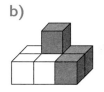   c)   d)

1 Würfelvierlinge nach Plan herstellen, Drilling herstellen;
2 Baupläne für die Somateile in veränderter Lage schreiben;
3 Somateile auf verschiedenen Bauplänen erproben; 4 Namen und Farbe des zweiten Teils angeben

⑤ Die sieben Somateile lassen sich zu einem Würfel zusammensetzen. Baue nach.

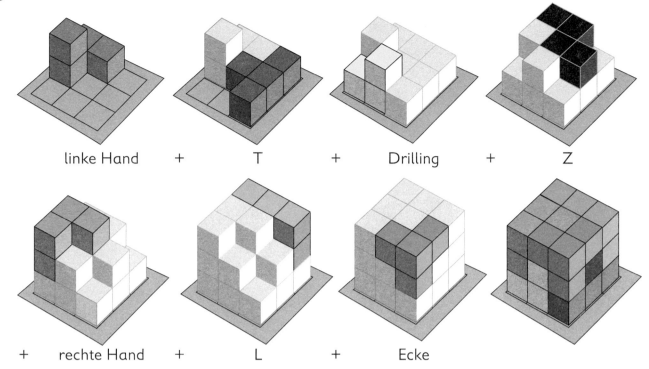

linke Hand + T + Drilling + Z

+ rechte Hand + L + Ecke

⑥ Zwei Teile – ein Somawürfel. Welche Teile gehören zusammen?
Überlegen – vermuten – begründen – durch Nachbauen prüfen

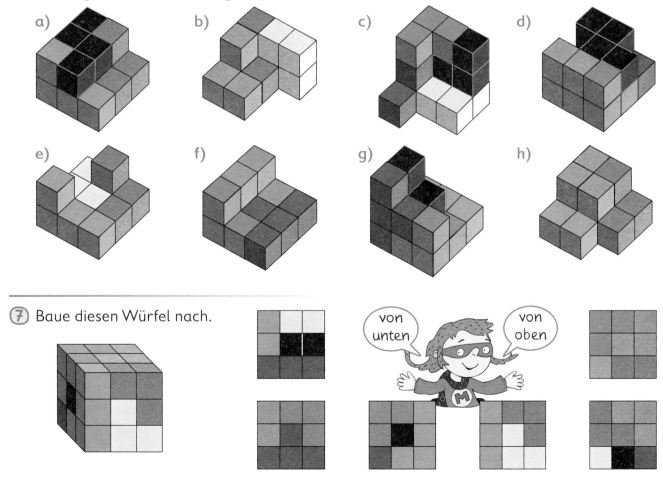

⑦ Baue diesen Würfel nach.

5 Somawürfel in Schritten nach Anleitung zusammensetzen;
6 Teile identifizieren, die sich zu einem Somawürfel ergänzen;
7 Somawürfel nach Seitenansichten nachbauen

Das kann ich schon!

Vergrößern und verkleinern auf Karopapier

① Übertrage die Zeichnungen in dein Heft.

a) Notiere, wie vergrößert wurde.
Statt einer Kästchenlänge
____ Kästchenlängen.

Gib den Maßstab an.

Maßstab ____ : ____ .

b) Zeichne das Bild verkleinert.
Statt 4 Kästchenlängen
eine Kästchenlänge.

Gib den Maßstab an.

Maßstab ____ : ____ .

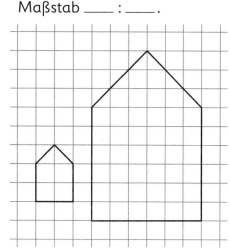
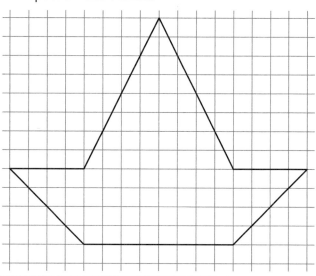

Räumliche Orientierung

② a) Wo befindet sich was?
Notiere jeweils das richtige Planquadrat.
- Rathaus
- Stadttheater
- Dom
- Museum

b) Was findest du in den Planquadraten? Schreibe auf.
- 2 B
- 3 C
- 1 und 2 A, B
- 4 C, D

c) In welchen Planquadraten gibt es Fußgängerzonen?

Innenstadt Aachen

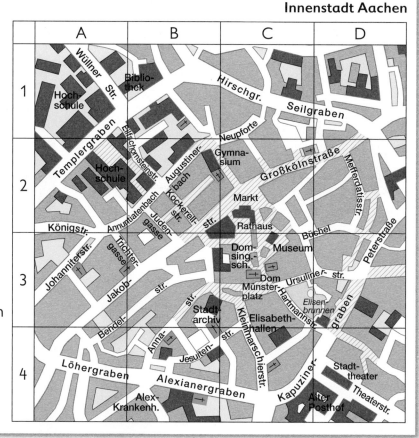

1 Figuren auf Karopapier vergrößert/verkleinert zeichnen, Maßstab angeben;
2 sich auf einem Kartenausschnitt m.H. der Planquadrate orientieren und darüber verständigen

Würfelgebäude

3 a) Schreibe zu jedem Gebäude den Bauplan.
Trage in Rot ein, wo weitere Würfel liegen können.

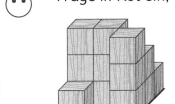 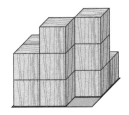 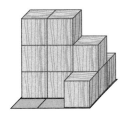

b) Gleich viele Würfel. Schreibe die Baupläne.
Schreibe 2 weitere Baupläne für Gebäude mit derselben Anzahl von Würfeln.

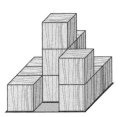 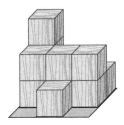

Bauen mit Somateilen

4 a) Immer zwei Somateile
Jeweils 4 der Figuren wurden aus denselben Somateilen gebaut.
Schreibe in dein Heft, welche es sind.

b) Welche Paare von Somateilen wurden benutzt?

A 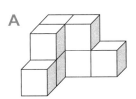   B 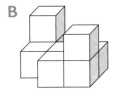   C 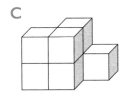   D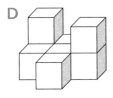

E 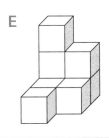   F 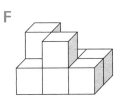   G 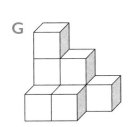   H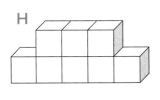

3 Baupläne schreiben, möglicherweise verdeckte Bauteile berücksichtigen;
4 in Gebäuden aus zwei Somateilen verwendete Teile identifizieren

Zeit, Zeitspannen – Stunden, Minuten, Sekunden

Zeitspannen werden in Stunden, Minuten und Sekunden gemessen.

   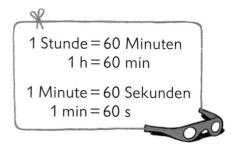

Stundenzeiger von der 3 zur 4 — 1 Stunde (1 h)

Minutenzeiger von der 3 zur 4 — 5 Minuten (5 min)

Sekundenzeiger von der 3 zur 4 — 5 Sekunden (5 s)

1 Stunde = 60 Minuten
1 h = 60 min

1 Minute = 60 Sekunden
1 min = 60 s

① Alles braucht Zeit. Wie lange dauert es?

a) Übertrage die Tabelle in dein Heft. Trage die Lösungen ein.

Frühstück	12 min
große Pause	
50-m-Lauf	
Hände waschen	
Schulweg	
Unterrichtsstunde	
bis eine Seifenblase platzt	

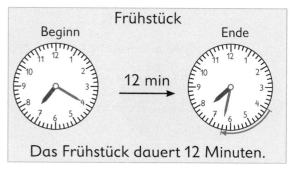

Das Frühstück dauert 12 Minuten.

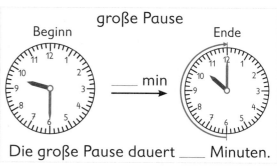

Die große Pause dauert ___ Minuten.

b) Erprobe eigene Beispiele und trage sie ein.

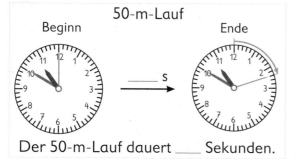

Der 50-m-Lauf dauert ___ Sekunden.

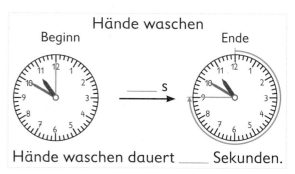

Hände waschen dauert ___ Sekunden.

② Rechne um.

S. 106, Nr. 2 a) 1 2 0 min = 2 h

a) in Stunden
- 120 Minuten
- 480 Minuten
- 80 Minuten
- 140 Minuten
- 255 Minuten

b) in Minuten
- 180 Sekunden
- 360 Sekunden
- 30 Sekunden
- 150 Sekunden
- 135 Sekunden

c) in Sekunden
- 2 Minuten
- 5 Minuten
- $\frac{1}{2}$ Minute
- $\frac{1}{4}$ Minute
- $2\frac{3}{4}$ Minuten

③ Wie lange dauert es von … nach …? Berechne die Fahrzeiten.

a) Berlin–Düsseldorf 19.46–00.06 Uhr
b) Köln–Frankfurt 18.19–19.41 Uhr
c) Trier–Koblenz 18.20–20.18 Uhr

④ Lea aus Köln möchte ihre Kusine in Göttingen besuchen. Bei ihrer Bahnfahrt muss sie zweimal umsteigen.

Köln	Mainz	Mainz	Frankfurt	Frankfurt	Göttingen
Abfahrt:	Ankunft:	Abfahrt:	Ankunft:	Abfahrt:	Ankunft:
10.56 Uhr	12.37 Uhr	12.43 Uhr	13.13 Uhr	13.58 Uhr	15.41 Uhr

a) An welchen Stationen steigt sie um?
b) Wie viel Aufenthalt hat sie an den Umsteigestationen?
c) Wie lange ist sie insgesamt unterwegs?

⑤ Findet am Fahrplan heraus:
– Für welche Städteverbindung gilt dieser Fahrplan?
– Wie viele Verbindungen von Düsseldorf Hbf. nach Frankfurt gibt es zwischen 8.00 Uhr und 10.00 Uhr?
– Wann treffen Reisende in Frankfurt Hbf. ein, die um 9.30 Uhr in Düsseldorf abfahren?
– Wann müssen Reisende in Düsseldorf Hbf. abfahren, wenn sie um 9.51 Uhr in Frankfurt Hbf. ankommen wollen?
– Wie lange dauert die Zugfahrt für Reisende, die um 8.24 Uhr in Düsseldorf abfahren?

Die Zeitleiste kann helfen.

Düsseldorf Hbf. → Frankfurt (Main) Hbf.

Ab	Umsteigen	An	Ab	An
07:43	Köln Hbf.	08:12	08:20	09:27
07:50				09:44
08:24				09:51
08:30	Köln Hbf. Frankfurt (M) Flughafen	08:53 09:53	08:58 10:05	10:16
09:16				10:44
09:26				10:53
09:30	Köln Hbf. Frankfurt (M) Flughafen	09:53 10:53	09:58 11:05	11:16
09:48				11:51
09:52	Köln Hbf.	10:18	10:22	11:51
10:25	Frankfurt (M) Flughafen	11:53	12:05	12:16
10:30	Köln Hbf. Frankfurt (M) Flughafen	10:53 11:53	10:58 12:05	12:16

36 min   51 min

8.00 Uhr   9.00 Uhr   10.00 Uhr

⑥ Wie lange dauert die Zugfahrt für Reisende, die um
a) 9.16 Uhr   b) 9.26 Uhr
c) 7.43 Uhr in Düsseldorf abfahren?

⑦ Wie lange dauert die Zugfahrt für Reisende, die um
a) 9.44 Uhr   b) 10.16 Uhr
c) 11.51 Uhr in Frankfurt ankommen?

Volumina – Liter, Milliliter

① In diesen Gefäßen steht das Wasser gleich hoch.
In welchem Gefäß ist die größte Menge Wasser? Begründe deine Entscheidung.

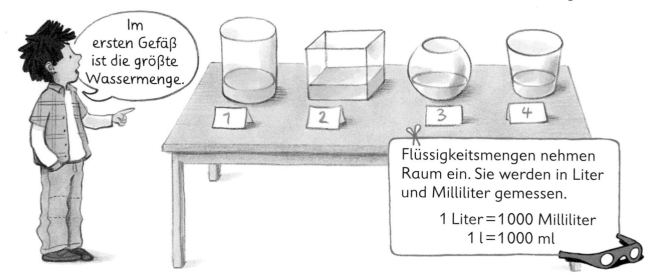

Im ersten Gefäß ist die größte Wassermenge.

Flüssigkeitsmengen nehmen Raum ein. Sie werden in Liter und Milliliter gemessen.

1 Liter = 1000 Milliliter
1 l = 1000 ml

② Diese Gefäße werden als Messgeräte für Flüssigkeiten benutzt. Welche kennst du noch?

250 ml füllen die Tasse zweimal.

In die Suppenkelle passt so viel wie in die Tasse.

Das Volumen des Eimers beträgt 10 l. 10 l Wasser füllen einen solchen Eimer.

③ Ergänze die fehlenden Angaben.

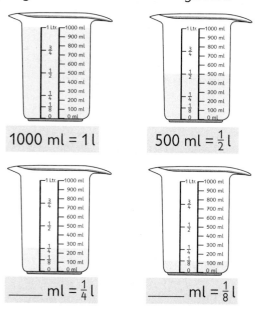

1000 ml = 1 l

500 ml = $\frac{1}{2}$ l

____ ml = $\frac{1}{4}$ l

____ ml = $\frac{1}{8}$ l

④ Finde eigene Beispiele.

Bei 1 Liter denke ich an:

Bei 10 Litern denke ich an:

Bei 100 Litern denke ich an:

Bei 1000 Litern denke ich an:

5) Anna hat 1 l Saft gekauft. Sie kann Gläser verschiedener Größe auswählen.

a) Wie viele Gläser zu je 100 ml kann Anna aus dem Saftkrug füllen?
b) Wie viele Gläser zu je 250 ml kann sie füllen?
c) Die Eltern möchten je $\frac{1}{4}$ l Saft trinken. Wie viel bleibt für Anna und ihren Bruder?
d) Annas Bruder Tom füllt den Saftkrug. Er erwartet vier Freunde. Wie viel Saft bekommt jeder?

6) Wie viel Saft wird benötigt, um die Gläser zu füllen?

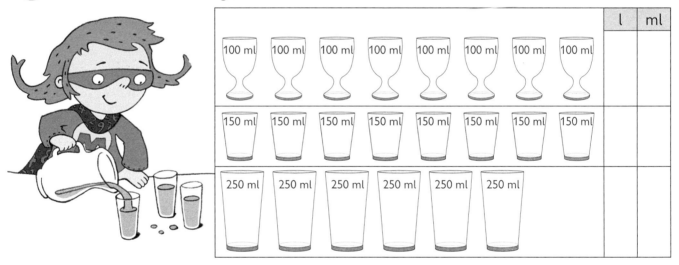

7) Für die Gäste am Nachmittag bereiten Tom und Anna einen Erdbeershake für 6 Personen vor. Tom und Anna überlegen, wie viel sie von den einzelnen Zutaten brauchen.

a) Schreibe das Rezept für 6 Personen.
b) Wie groß wird die Flüssigkeitsmenge ungefähr?
c) Welche Schüssel wählen sie für die Zubereitung?

Erdbeershake
für 2 Personen
150 g Erdbeeren
   zerdrücken, mixen
300 ml Milch
1 TL Zitronensaft (5 ml)
2 TL Vanillezucker
2 Erdbeeren zur Dekoration

d) Wie viel bekommt jeder ungefähr?

5a), b) 1 Liter aufteilen, c) Restfüllung berechnen, d) 1 Liter verteilen;
6 Saftverbrauch für Gläser verschiedener Größe berechnen;
7 Zutaten für 6 Personen berechnen, Gefäß nach Bedarf wählen, Größe einer Portion angeben

Gesund frühstücken

① Die 24 Kinder der Klasse 3 b wollen ein gesundes Frühstück zubereiten.
Sie sammeln Vorschläge in der Klasse.

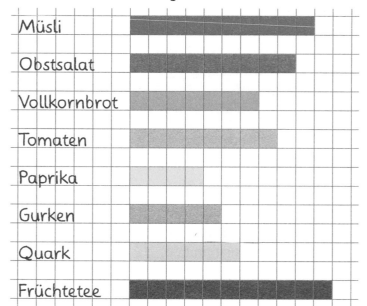

a) Welche Zutaten sind besonders beliebt in der Klasse?

b) Alle Kinder der Klasse möchten Obstsalat essen. Berechne, wie viele Früchte eingekauft werden müssen.

Obstsalat
Zutaten für 4 Personen
3 Bananen
3 Äpfel
1 Birne
1 Orange
Saft von 1 Zitrone
2 TL Zucker

② Für eine Portion Müsli werden etwa 100 Gramm benötigt.
Nur die Kinder, die sich bei der Abfrage gemeldet haben, möchten Müsli essen.
Wie viel Gramm Müsli werden benötigt?

③ Im Supermarkt gibt es Sonderangebote.

a) Welche Müslipackung ist günstiger? Schreibe deinen Rechenweg auf.

b) Auch Vollkornbrot ist im Angebot. Die Klasse benötigt 2 kg Brot.
Welches Brot wählt sie aus? Wie viel muss sie dafür bezahlen?

400-g-Packung
1,24 €

1-kg-Packung
2,80 €

500 g
1,50 €

1000 g
3,20 €

c) Ist die größere Menge immer die günstigere? Begründe deine Antwort.

④ Lea kauft 3 Doppelpacks Schokolade.

Doppelpack
1,30 €

a) Wie viel muss sie bezahlen?

b) Wie teuer ist eine Tafel Schokolade?

c) Kann Lea eine Tafel zu diesem Preis kaufen? Begründe deine Meinung.

Menge	Preis

⑤ Nele und Max kaufen die fehlenden Zutaten für das gesunde Frühstück ein.
Sie haben einen Einkaufszettel geschrieben.
Berechne die Einzelpreise und den Gesamtpreis.

Einkaufszettel
1 kg Tomaten
500 g Paprika
4 Gurken
500 g Quark
1 Packung Früchtetee

Superkauf-Wochenangebote
- Rote Paprika 500 g-Schale nur 0,99 €
- Schlangengurke nur 0,35 €
- Tomaten 400 g-Schale 1,76 €
- 250 g Quark 0,49 €
- Früchtetee 20 Beutel 1,39 €

⑥ Beim Einkaufen sehen Max und Nele noch andere Sonderangebote.
Max meint: „Es ist gar nicht immer günstiger, die Lebensmittel zum Angebotspreis zu kaufen als zum Einzelpreis."

Was meinst du? Begründe deine Meinung.

4 Gläser
nur 8,80 €
Einzelpreis: 1,99 €

6 Becher
nur 2,20 €
Einzelpreis: 0,40 €

5 Stück
nur 5,55 €
Einzelpreis: 1,09 €

⑦ Berechne jeweils den 100-g-Preis.

a)

400-g-Glas
1,60 €

400 g	200 g	100 g
1,60 €	0,80 €	

b)

200-g-Packung
1,50 €

c)

300-g-Packung
1,80 €

d)

500-g-Glas
4,50 €

⑧ Vergleiche auch diese Angebote. Welches ist jeweils das günstigste?

a)

100 g
0,89 €

200 g
1,60 €

250 g
2,50 €

b)

400-g-Glas
1,60 €

450-g-Glas
1,90 €

500-g-Glas
2,00 €

5 Kosten für einen Einkauf berechnen; 6 Angebotspreise kritisch prüfen;
7 Grundpreise (für 100 g) m.H. einer Menge/Preis Tabelle ermitteln;
8 das günstigste Angebot herausfinden

Im Parkhaus

Das Parkhaus hat sechs Stockwerke: vier über der Erde und zwei unter der Erde.

Stellplätze mit Kennzeichnung		Anzahl
♀	Frauen	36
♿	Behinderte	9
👪	Familien	4

So viele Autos passen auf die verschiedenen Stockwerke.

Stockwerk	3	2	1	0	−1	−2
Anzahl	100	122	125	113	121	124

① Beantworte die Fragen.

a) Auf welchem Stockwerk haben die meisten Autos Platz?

b) Wie viele Autos können unter der Erde parken?

c) Wie viele Autos können insgesamt in den Stockwerken 2 und 3 abgestellt werden?

d) Wie viele Stellplätze sind besonders ausgeschildert?

e) Alle Behindertenparkplätze und die Hälfte der Frauenparkplätze befinden sich im Stockwerk 0. Wie viele Plätze bleiben auf diesem Stockwerk für andere Autos?

② Berechne die Parkgebühren.

a) Am Donnerstag kauft Frau Berger auf dem Wochenmarkt ein. Sie parkt 1 Stunde und 20 Minuten.

b) Am Sonntag kommt Herr Bauer um 14.00 Uhr an und verlässt das Parkhaus um 17.15 Uhr.

c) Am Samstag geht Familie Stein ins Kino. Die Vorstellung dauert von 17.00 Uhr bis 19.00 Uhr. Für den Weg zwischen Parkhaus und Kino braucht sie jeweils ca. 10 Minuten. Sie möchte 15 Minuten vor Beginn am Kino sein.

③ Die Zahl der freien Parkplätze an einem Mittwoch

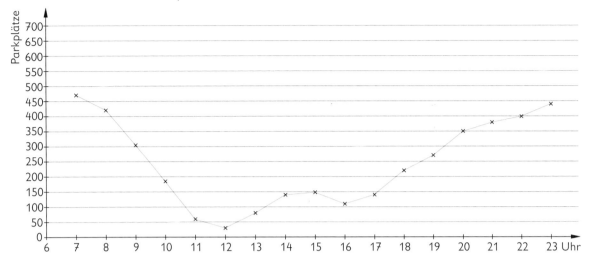

Lies aus dem Schaubild ab:

a) Wie viele Parkplätze sind am Morgen um 9.00 Uhr frei?

b) Wie viele Parkplätze sind um 15.00 Uhr unbesetzt?

c) Zu welcher Zeit sind fast alle Plätze im Parkhaus besetzt? Wie viele Autos sind zu dieser Zeit ungefähr abgestellt?

④ Die Zahl der besetzten Parkplätze an einem Sonntag

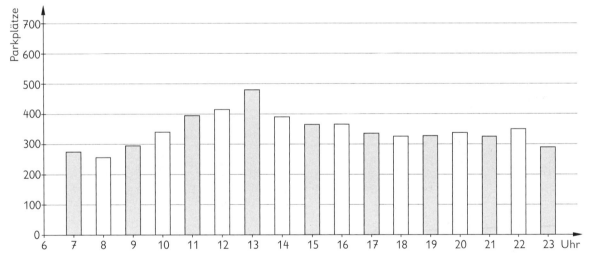

Lies aus dem Schaubild ab:

a) Wie viele Autos haben vermutlich über Nacht geparkt?

b) Um wie viel Uhr sind die Parkplätze etwa zur Hälfte besetzt?

c) Wie hoch sind die Einnahmen, wenn alle Autos, die um 17.00 Uhr abgestellt sind, nicht länger als 90 Minuten parken?

⑤ Wegen Renovierungsarbeiten ist Stockwerk −2 gesperrt. Nur auf Stockwerk 3 sind noch 42 Parkplätze frei. Alle anderen Parkplätze sind besetzt.

Ferien

① Berechne mit Hilfe des Jahreskalenders und notiere deine Rechnung im Heft.

a) Wie viele Tage hat das Jahr?

b) Hat das nächste Jahr genauso viele Tage? Begründe deine Antwort.

c) Wie viele Wochen hat das Jahr?

d) Der Sommer beginnt am 21.06. und endet am 20.09. Wie viele Tage dauert der Sommer?

Der ganze Juli gehört zum Sommer.

Kalender

Januar	Februar	März
Mo Di Mi Do Fr Sa So	Mo Di Mi Do Fr Sa So	Mo Di Mi Do Fr Sa So
1 2 3	1 2 3 4 5 6 7	1 2 3 4 5 6
4 5 6 7 8 9 10	8 9 10 11 12 13 14	7 8 9 10 11 12 13
11 12 13 14 15 16 17	15 16 17 18 19 20 21	14 15 16 17 18 19 20
18 19 20 21 22 23 24	22 23 24 25 26 27 28	21 22 23 24 25 26 27
25 26 27 28 29 30 31	29	28 29 30 31

April	Mai	Juni
Mo Di Mi Do Fr Sa So	Mo Di Mi Do Fr Sa So	Mo Di Mi Do Fr Sa So
1 2 3	1	1 2 3 4 5
4 5 6 7 8 9 10	2 3 4 5 6 7 8	6 7 8 9 10 11 12
11 12 13 14 15 16 17	9 10 11 12 13 14 15	13 14 15 16 17 18 19
18 19 20 21 22 23 24	16 17 18 19 20 21 22	20 21 22 23 24 25 26
25 26 27 28 29 30	23 24 25 26 27 28 29 / 30 31	27 28 29 30

Juli	August	September
Mo Di Mi Do Fr Sa So	Mo Di Mi Do Fr Sa So	Mo Di Mi Do Fr Sa So
1 2 3	1 2 3 4 5 6 7	1 2 3 4
4 5 6 7 8 9 10	8 9 10 11 12 13 14	5 6 7 8 9 10 11
11 12 13 14 15 16 17	15 16 17 18 19 20 21	12 13 14 15 16 17 18
18 19 20 21 22 23 24	22 23 24 25 26 27 28	19 20 21 22 23 24 25
25 26 27 28 29 30 31	29 30 31	26 27 28 29 30

Oktober	November	Dezember
Mo Di Mi Do Fr Sa So	Mo Di Mi Do Fr Sa So	Mo Di Mi Do Fr Sa So
1 2	1 2 3 4 5 6	1 2 3 4
3 4 5 6 7 8 9	7 8 9 10 11 12 13	5 6 7 8 9 10 11
10 11 12 13 14 15 16	14 15 16 17 18 19 20	12 13 14 15 16 17 18
17 18 19 20 21 22 23	21 22 23 24 25 26 27	19 20 21 22 23 24 25
24 25 26 27 28 29 30 / 31	28 29 30	26 27 28 29 30 31

② Das ist der Ferienkalender von Nordrhein-Westfalen.

Ferien in NRW	Erster Ferientag	Letzter Ferientag
Weihnachten	Mittwoch, 23. Dezember	Mittwoch, 6. Januar
Ostern	Montag, 21. März	Freitag, 1. April
Pfingsten	Dienstag, 17. Mai	
Sommer	Montag, 11. Juli	Dienstag, 23. August
Herbst	Montag, 10. Oktober	Freitag, 21. Oktober
Weihnachten	Freitag, 23. Dezember	Freitag, 6. Januar

a) Stelle deinem Partner Fragen, die er mit Hilfe des Kalenders beantworten kann.

b) Berechne für alle Schulferien in einem Kalenderjahr die Anzahl der freien Tage. Zähle die Samstage und Sonntage mit. Notiere deine Ergebnisse in einer Tabelle.

Wie viele freie Tage sind es insgesamt?

Wie viele freie Tage während der Schulferien gibt es in diesem Jahr insgesamt?

S. 114, Nr. 2

b)
Ferien in NRW	von – bis	Anzahl der freien Tage
Weihnachten	1.1. – 6.1.	6
Ostern		
Pfingsten		
Sommer		

③ Die Sommerferien finden in den unterschiedlichen Bundesländern zu verschiedenen Zeiten statt.

a) Anna zieht von Bayern nach Bremen, weil ihr Vater dort eine neue Arbeitsstelle hat.
Wie viele Tage hat sie in diesem Jahr Sommerferien?

b) Tom zieht am Ende des Schuljahres von Bremen nach Baden-Württemberg. Wie lange dauern seine Sommerferien?

Ferientermine Deutschland	Sommer
Baden-Württemberg	28.07.–10.09.
Bayern	30.07.–12.09.
Berlin	20.07.–02.09.
Brandenburg	21.07.–03.09.
Bremen	23.06.–03.08.
Hamburg	21.07.–31.08.
Hessen	18.07.–26.08.
Mecklenburg-Vorpommern	25.07.–03.09.
Niedersachsen	23.06.–03.08.
Nordrhein-Westfalen	11.07.–23.08.
Rheinland-Pfalz	18.07.–26.08.
Saarland	18.07.–27.08.
Sachsen	27.06.–05.08.
Sachsen-Anhalt	27.06.–10.08.
Schleswig-Holstein	25.07.–03.09.
Thüringen	27.06.–10.08.

④ In Frankreich dauern die Sommerferien vom 03.07. bis 31.08. Vergleiche mit den deutschen Sommerferien.
Schreibe deine Überlegungen auf.

⑤ Die Sommerferien verbringt Familie Becker bei der Oma in Berlin.

a) Familie Becker wohnt in Dortmund. Welche Strecke nach Berlin ist die kürzeste? Vergleiche verschiedene Möglichkeiten.

b) Auf der Rückfahrt von Berlin soll auch Bremen besichtigt werden. Fährt die Familie über Hamburg oder Hannover? Vergleiche die Strecken.

c) Plane von Dortmund aus eine Rundreise, die etwa 1000 km lang ist und bei der du viele verschiedene Städte siehst.

Rundreise
Start = Ziel

⑥ Familie Becker beginnt die Reise nach Berlin um 8.00 Uhr morgens.
In einer Stunde fährt sie etwa 100 km.
Unterwegs macht sie dreimal eine halbe Stunde Pause.
Wann kommt sie frühestens in Berlin an?

Klassenfahrt

Zwei dritte Klassen mit jeweils 30 Kindern einer Grundschule aus Düsseldorf möchten im Herbst eine Klassenfahrt in die Eifel machen.
Gemeinsam entscheiden sie, dass sie nach Urft fahren möchten.

① a) Überlegt gemeinsam, welche Reihenfolge für die Planung sinnvoll ist.

b) Schreibe die Fragen von den Zetteln als Liste geordnet in dein Heft.

c) Ergänze eigene Fragen und Planungsideen.

A Ist das Schullandheim Haus Dalbenden für Grundschulklassen geeignet?

B Wie ist Urft mit dem Zug erreichbar?

C Was kostet die Zugfahrt mit Gruppenticket für alle Kinder zusammen?

D In welcher Woche zwischen Anfang September und Ende Oktober ist Haus Dalbenden sicher noch frei?

E Was kostet der Aufenthalt pro Kind von Dienstag bis Freitag?

F Wie hoch sind die Kosten für die Fahrt mit einem Reisebus ungefähr?

G Wie viel Geld ist für Fahrten am Ort und für Eintritte nötig?

H Reichen 10 € Taschengeld?

I Mich interessiert noch …

Ideen zum Programm
- Hallenbad
- römische Wasserleitung
- Kakushöhle
- Naturschutzzentrum Nettersheim
- Freilichtmuseum Kommern
- Wildfreigehege Hellenthal
- Urftstausee

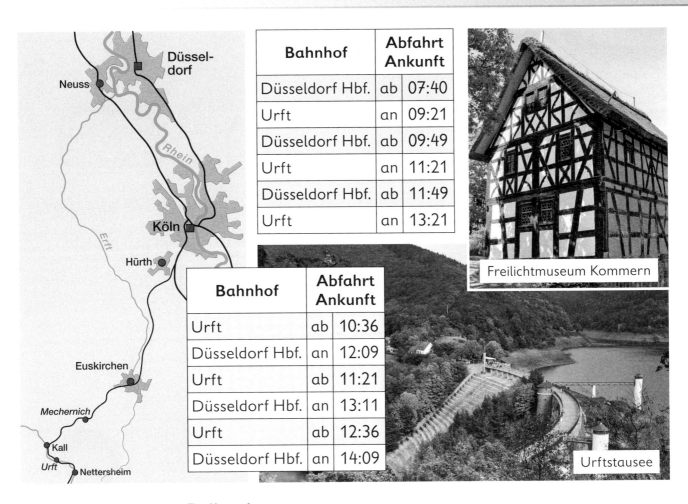

Bahnhof	Abfahrt Ankunft	
Düsseldorf Hbf.	ab	07:40
Urft	an	09:21
Düsseldorf Hbf.	ab	09:49
Urft	an	11:21
Düsseldorf Hbf.	ab	11:49
Urft	an	13:21

Bahnhof	Abfahrt Ankunft	
Urft	ab	10:36
Düsseldorf Hbf.	an	12:09
Urft	ab	11:21
Düsseldorf Hbf.	an	13:11
Urft	ab	12:36
Düsseldorf Hbf.	an	14:09

Freilichtmuseum Kommern

Urftstausee

Belegungsplan Haus Dalbenden

Aug.: Sa 1 | So 2 | Mo 3 | Di 4 | Mi 5 | Do 6 | Fr 7 | Sa 8 | So 9 | Mo 10 | Di 11 | Mi 12 | Do 13 | Fr 14 | Sa 15 | So 16 | Mo 17 | Di 18 | Mi 19 | Do 20 | Fr 21 | Sa 22 | So 23 | Mo 24 | Di 25 | Mi 26 | Do 27 | Fr 28 | Sa 29 | So 30 | Mo 31

Sept.: Di 1 | Mi 2 | Do 3 | Fr 4 | Sa 5 | So 6 | Mo 7 | Di 8 | Mi 9 | Do 10 | Fr 11 | Sa 12 | So 13 | Mo 14 | Di 15 | Mi 16 | Do 17 | Fr 18 | Sa 19 | So 20 | Mo 21 | Di 22 | Mi 23 | Do 24 | Fr 25 | Sa 26 | So 27 | Mo 28 | Di 29 | Mi 30

Okt.: Do 1 | Fr 2 | Sa 3 | So 4 | Mo 5 | Di 6 | Mi 7 | Do 8 | Fr 9 | Sa 10 | So 11 | Mo 12 | Di 13 | Mi 14 | Do 15 | Fr 16 | Sa 17 | So 18 | Mo 19 | Di 20 | Mi 21 | Do 22 | Fr 23 | Sa 24 | So 25 | Mo 26 | Di 27 | Mi 28 | Do 29 | Fr 30 | Sa 31

Nov.: So 1 | Mo 2 | Di 3 | Mi 4 | Do 5 | Fr 6 | Sa 7 | So 8 | Mo 9 | Di 10 | Mi 11 | Do 12 | Fr 13 | Sa 14 | So 15 | Mo 16 | Di 17 | Mi 18 | Do 19 | Fr 20 | Sa 21 | So 22 | Mo 23 | Di 24 | Mi 25 | Do 26 | Fr 27 | Sa 28 | So 29 | Mo 30

Legende: Feiertag | frei | teilweise belegt | belegt

Schullandheim Haus Dalbenden in Urft Nationalpark Eifel	
Bettenzahl	Schüler: 97 in 20 Schlafräumen Lehrer: 8
Geeignet für	bis 3 Schulklassen, besonders für Grundschulklassen; Familienfreizeit, Jugendgruppen, Vereine (Sport, Musik ...)
Räume	1 Speiseraum, 4 Tagesräume
Sportmöglichkeiten am Haus	Turnhalle und Gymnastikraum, Spielwiese, Bolzplatz, Rundlauf, Tischtennis, Basketball

Preise pro Person für Übernachtung und 3 Mahlzeiten		
	Hauptsaison März bis Okt.	Nebensaison Nov. bis Febr.
In der Woche		
bei 4 Tagen	25,40 €	24,40 €
bei 3 Tagen	26,40 €	25,40 €
bei 1–2 Tagen	27,40 €	26,40 €
Bettwäsche	7,00 €	

Das kann ich schon!

① Zeit

Wie viele Sekunden?

a)  b) 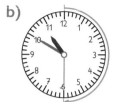 c)  d)  e)

f) Schreibe als Sekunden.

4 min
7 min
$\frac{1}{2}$ min
$1\frac{1}{2}$ min

g) Schreibe als Minuten und Sekunden.

90 s
120 s
210 s
30 s

h) Ergänze zu einer Minute.

48 s
8 s
$\frac{1}{4}$ min
31 s

② Volumina – Liter, Milliliter

a) Ordne zu.

80 l   1 l   10 l   36 l

b) Vedat hat 1 l Apfelsaft. Wie viele Becher kann er füllen?

Becher zu je	Anzahl Becher
500 ml	
250 ml	
200 ml	
125 ml	
100 ml	

c) Ein Krug fasst $1\frac{1}{2}$ Liter.
Ein Glas fasst 150 ml.
Wie viele Gläser kannst du füllen?

d) Im Topf sind noch $1\frac{1}{2}$ l Suppe. Nina möchte 2 Kellen Suppe. Für wie viele Kinder reicht die Suppe, wenn jedes Kind so viel bekommen soll wie Nina?

125 ml

③ Sachrechnen

a) Frau Berger parkt am Donnerstag von 9.15 Uhr bis 11.20 Uhr. Wie viel muss sie bezahlen?

b) Frau Sander parkt ihr Auto am Samstag um 19.15 Uhr. Sie zahlt 3 € Parkgebühr. Wann hat sie das Parkhaus spätestens verlassen?

Parktarif
Montag–Freitag   7.00–20.00 Uhr
Samstag   7.00–18.00 Uhr
je angefangene Stunde 1.–3. Stunde   1,50 €

Sondertarif
außerhalb dieser Zeiten sowie an Sonn- und Feiertagen
je angefangene Stunde   1,00 €

④ Sachrechnen

Welches Angebot ist am günstigsten? Begründe deine Entscheidung.

a) 750 g 2,40 € — 2 kg nur 5 €

b) 450 g nur 1,80 € — 500 g nur 2 € — 2 Gläser zu 450 g nur 3 €

⑤ Klassenfahrt

Die Klasse 3a fährt Anfang Oktober für 4 Tage nach Urft und entscheidet sich dafür, die Bettwäsche zu leihen, damit die Koffer nicht zu schwer werden.

a) Wie viel muss jedes Kind für den Aufenthalt im Schullandheim bezahlen?

b) Zusätzlich sammelt die Lehrerin noch 24,50 € Fahrtkosten und 15 € für Ausflüge ein.
Wie teuer wird die Klassenfahrt insgesamt für jedes Kind, wenn du noch ein Taschengeld von 10 € einplanst?

c) Bei der Zugfahrt muss die Klasse zweimal umsteigen.
Berechne die Zeit, die jeweils beim Umsteigen zur Verfügung steht.

d) Wie lange ist die Klasse vom Düsseldorfer Hauptbahnhof bis zum Bahnhof in Urft unterwegs?

ⓔ Die Entfernung von Düsseldorf nach Urft beträgt etwa 96 km.
Auf der Übersichtskarte auf Seite 117 ist die Strecke ungefähr 12 cm lang.
Wie viel Kilometern in der Wirklichkeit entspricht 1 cm auf der Karte?

Preise pro Person für Übernachtung und 3 Mahlzeiten		
	Hauptsaison März bis Okt.	Nebensaison Nov. bis Febr.
In der Woche		
bei 4 Tagen	25,40 €	24,50 €
bei 3 Tagen	26,40 €	25,40 €
bei 1–2 Tagen	27,40 €	26,40 €
Bettwäsche	7,00 €	

Bahnhof		Zeit
Düsseldorf Hbf.	ab	12:48 Uhr
Köln Hbf.	an	13:12 Uhr
Köln Hbf.	ab	13:21 Uhr
Nettersheim	an	14:26 Uhr
Nettersheim	ab	14:32 Uhr
Urft	an	14:36 Uhr

Aufgaben für Super M-Fans – Rechnen und Spielen

① Zahlenketten schreiben.

Zahlenketten entstehen nach dieser Regel:
- Zwei beliebige Startzahlen wählen und in die Felder 1 und 2 eintragen.
- In Feld 3 die Summe der beiden Startzahlen schreiben.
- In Feld 4 die Summe der beiden vorangehenden Zahlen schreiben.
- In Feld 5 die Summe der Zahlen aus den Feldern 3 und 4 als Zielzahl eintragen.

Feld 1	Feld 2	Feld 3	Feld 4	Feld 5
3	2	5	7	12
1. Start-zahl	2. Start-zahl			

Ich finde verschiedene Lösungen.

a) Schreibe eigene Beispiele.

Zahlenkette: Zielzahl 100

b) Wähle die beiden Startzahlen so, dass die Zielzahl 100 erreicht wird. Findest du auch verschiedene Lösungen?

② Setze aufeinanderfolgende Zahlen so in die Basis einer Zahlenmauer ein, dass der Deckstein 100 ergibt.

a) 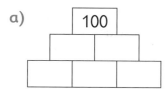 b)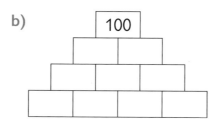

③ Du hast drei Spielwürfel.
Bitte ein anderes Kind, diese zu einem Turm übereinanderzusetzen. Wirf einen kurzen Blick auf den obersten Würfel und merke dir die Augenzahl ganz oben. Addiere zu dieser Zahl 42 und notiere die Summe auf einem Zettel. Lege den Zettel verdeckt neben den Turm.

Genau 20 Punkte sind verdeckt.

Bitte nun das andere Kind, die sichtbaren Würfelaugen ganz schnell zu addieren und die Summe zu nennen. Du bist natürlich schneller, denn die Summe steht bereits auf deinem Zettel.

a) Probiere das Zauberkunststück mehrfach aus.

b) Warum funktioniert es immer? Versuche, es zu erklären.

④ **Triff die 20** – ein Spiel für 2 Personen

Material: Für jeden Spieler 15 Wendeplättchen in seiner Farbe

Legt abwechselnd ein, zwei oder drei Plättchen auf das Spielfeld.
Beginnt bei Feld 1 und lasst keine Lücke.
Du hast gewonnen, wenn du das Feld 20 belegen kannst.

a) Spielt das Spiel mindestens sechsmal. Fangt abwechselnd an.
Notiert jedes Mal, ob der 1. oder der 2. Spieler gewonnen hat. Fällt euch etwas auf?

b) Auf welchem Feld musst du stehen, um zu sehen, dass du auf jeden Fall gewinnen wirst? Findest du noch andere Gewinnfelder?

⑤ Super-Päckchen. Rechne und setze fort.
Notiere, was dir auffällt. Kannst du es erklären?

a)   12   123   234
   +198   +198   +198   +198   +198

b) 987   876   765
   -333   -333   -333   -333   -333

c)   12   123   234
   +987   +876   +765   +654   +

4 Spiel erproben, analysieren, Gewinnfelder benennen, eine Gewinnstrategie finden;
5 Super-Päckchen fortschreiben, Auffälligkeiten benennen, nach einer Erklärung suchen

Aufgaben für Super M-Fans – Rechnen und Knobeln

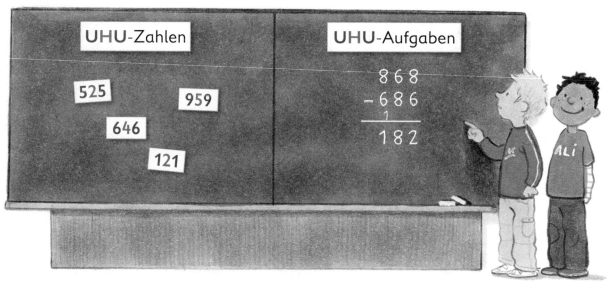

① Sucht viele verschiedene UHU-Zahlen und schreibt sie auf Notizzettel. Wie viele verschiedene findet ihr?

② Du hast die Ziffernkärtchen von 0 bis 9.
Wähle zwei Ziffern aus und bilde daraus die beiden UHU-Zahlen.
Bilde eine UHU-Aufgabe, indem du die kleinere von der größeren Zahl subtrahierst.

Sortiert die Aufgaben nach ihren Ergebnissen.

a) Bilde viele verschiedene UHU-Aufgaben, schreibe sie auf Notizzettel und rechne sie aus.

b) Vergleicht die gefundenen Aufgaben in eurer Tischgruppe. Notiert, was euch auffällt.

③ Noch mehr UHU-Aufgaben.
Schreibe sie in dein Heft und rechne sie aus.

a) 212   323   434   545   656
   −121   −232   −343   −454   +565

b) Finde weitere Aufgaben mit dem gleichen Ergebnis.

c) 313   424   535   646   757
   −131   −242   −353   −464   −575

d) Finde weitere Aufgaben mit dem gleichen Ergebnis.

e) Welches ist das kleinste/das größte Ergebnis, das du bei UHU-Aufgaben finden kannst?

④ Niclas hat zum Geburtstag eine Spardose geschenkt
bekommen, die wie ein kleiner Tresor aussieht.
Mit einem vierstelligen Zifferncode lässt sich die
Spardose verschließen. Dummerweise hat aber Niclas
seinen Code vergessen und kann sich nur noch erinnern,
dass er die Ziffern seines Geburtsdatums (26.08.) verwendet hat.

a) Notiere die verschiedenen Möglichkeiten, die Niclas
ausprobieren kann, um seine Spardose zu öffnen.

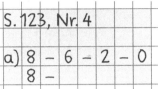

S. 123, Nr. 4
a) 8 – 6 – 2 – 0
   8 –

b) Sein Freund Max kauft sich auch so einen Tresor.
Er hat am 04.02. Geburtstag. Wie viele verschiedene
Möglichkeiten hat er, um die Ziffern seines Geburtsdatums
als Zifferncode zu verwenden?

c) Kennst du ein Geburtsdatum, mit dem sich nur eine einzige Ziffernfolge einstellen lässt?

⑤ Tom hat einen Eimer, der mit 8 Litern Wasser gefüllt ist.
Er möchte 4 Liter Wasser abmessen, findet aber nur einen Krug,
der 5 Liter fasst, und einen 3-Liter-Krug.

a) Wie kann er nur durch Umfüllen mit diesen Gefäßen in einem Gefäß
4 Liter abmessen? Eine Tabelle kann dir bei der Lösung helfen.

Umfüll-schritte	8 l	5 l	3 l
Start	8 l	0 l	0 l
1.			
2.			

b) Welche anderen Liter-Mengen kannst du durch Umfüllen abmessen?
Notiere für alle Lösungen, die du findest, die Umfülltabelle.

1 l	2 l	3 l	4 l	5 l	6 l	7 l	8 l
		3l		5l			8l

c) Du hast nicht 8 Liter Wasser, sondern 10 Liter Wasser zur Verfügung.
Welche Liter-Mengen von 1 Liter bis 10 Liter kannst du nun abmessen?

1 l	2 l	3 l	4 l	5 l	6 l	7 l	8 l	9 l	10 l
		3l		5l					10l

4 ausgehend von den Geburtsdaten der Kinder mögliche Kombinationen auflisten;
c) den Sonderfall herausfinden;
5 Umfüllprobleme unter Verwendung der Tabelle lösen

Aufgaben für Super M-Fans – geometrische Knobeleien

① Eine Figur aus fünf zusammenhängenden Quadraten nennen wir Quadratfünfling oder PENTOMINO.

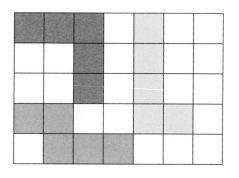

a) Finde möglichst viele Pentominos und zeichne sie in dein Heft.

b) Wie viele Pentominos hast du gefunden?

c) Vergleiche in deiner Tischgruppe. Wie viele verschiedene Pentominos habt ihr zusammen gefunden?

② Es gibt zwölf verschiedene Pentominos. Stelle nach dem Muster rechts alle her.

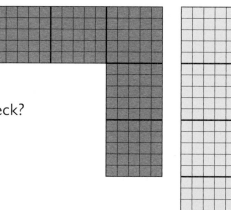

a) Kannst du deine Pentominos zu einem Rechteck zusammenlegen?

b) Aus wie vielen Quadraten besteht das Rechteck?

c) Findest du verschiedene Rechtecke? Notiere, wie sie aufgebaut sind.

③ Partnerspiel mit Pentominos.

Gespielt wird auf einem Spielfeld aus 8 · 8-Quadraten. Jeder Spieler hat einen Satz Pentominos. Legt abwechselnd ein Pentomino so auf das Spielfeld, dass jeweils fünf Quadrate bedeckt sind. Wer als Erster nicht mehr legen kann, hat verloren.

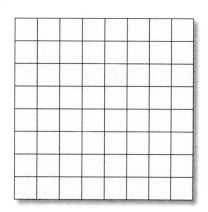

④ Solo-Legespiel mit Pentominos

Du hast ein 6 · 10-Spielfeld. Versuche, das Spielfeld mit allen Pentominos auszulegen.

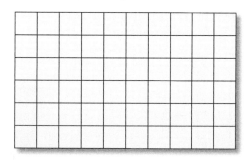

Achte beim Aufzeichnen der Spielfelder darauf, dass deine Pantominos hineinpassen.

1 möglichst viele verschiedene Pentominos zeichnen;
2 alle 12 Pentominos nach Anleitung herstellen und sie zu einem Rechteck aneinander legen;
3–4 Spiele erproben

⑤ Manche Pentominos kannst du zu einer Schachtel falten, die wie ein Würfel ohne Deckel aussieht. Probiere es aus.

a) Zeichne alle Pentominos, die sich zur Schachtel falten lassen, in dein Heft.

b) Warum lassen sich die restlichen nicht zur Schachtel falten? Begründe.

⑥ Figuren aus sechs zusammenhängenden Quadraten kennst du schon als Würfelnetze.

Probiere mit quadratischen Notizzetteln.

a) Finde viele Quadratsechslinge und zeichne sie in dein Heft.

b) Untersuche, aus welchen Sechslingen du einen Würfel falten kannst.

c) Wie viele verschiedene Würfelnetze findest du?

⑦ Baue die Figuren aus zwei Somateilen nach. Notiere, welche Teile du benutzt hast.

a) 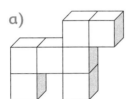   b) 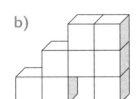   c)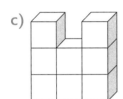

d) 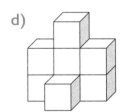   e)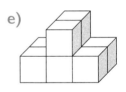

⑧ Baue die Figuren aus drei Somateilen nach. Notiere, welche Teile du benutzt hast.

a) 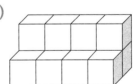   b)    c)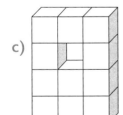

d) 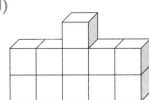   e)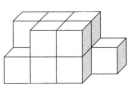

Das kann ich jetzt – Addition

① Ich beherrsche die Addition. Ich entscheide, welche Aufgaben ich schriftlich und welche ich im Kopf löse.

a) 244 + 755	b) 478 + 296	c) 75 + 925	d) 276 + 368
420 + 380	399 + 301	175 + 178	525 + 225
539 + 243	238 + 355	248 + 363	370 + 111
198 + 357	235 + 235	404 + 505	718 + 183

Der Überschlag hilft.

Manchmal sehe ich es an der Endziffer …

… oder an der 1. Ziffer.

② Ich kann Lösungen schnell und sicher prüfen.

a) 324 + 590 = 914 b) 418 + 437 = 855
286 + 444 = 734   273 + 375 = 648
167 + 233 = 500   629 + 153 = 882

③ Ich habe das schriftliche Verfahren verstanden.

	a)				b)				c)				d)				e)			
		4	8				3			4	2	6			5	7				9
+		4	1	+		2	9	3	+		4	8	+				+		2	8	8
	7	9	9			6	6	8				1	0		8	3	3			4	7

④ Ich kann hin und her rechnen.

Addition

275 + ___ = 600
___ + 599 = 1000
345 + ___ = 750

⑤ Ich verstehe und verwende Fachbegriffe.

Addiere 440 und 280.

Wie groß ist die Summe aus 250 und 625?

Halbiere die Summe aus 258 und 262.

Wie lautet der erste Summand, wenn der zweite 345 und die Summe 850 ist?

Das kann ich jetzt – Subtraktion

① Ich beherrsche die Subtraktion. Ich entscheide, welche Aufgaben ich schriftlich und welche ich im Kopf löse.

a) 834 – 222
651 – 195
785 – 235
555 – 167

b) 1000 – 999
989 – 575
421 – 148
876 – 256

c) 453 – 289
571 – 183
666 – 222
950 – 499

d) 499 – 250
852 – 284
639 – 395
1000 – 585

Erste Ziffer!

② Ich kann Lösungen schnell und sicher prüfen.

a) 999 – 450 = 548
728 – 374 = 354
684 – 264 = 520

b) 584 – 284 = 299
350 – 195 = 145
835 – 760 = 75

Endziffer, Überschlag!

③ Ich habe das schriftliche Verfahren verstanden.

a) 7 3
  – 2 4
  ‾‾‾‾‾
  4 5 1

b)   5 1
   – 3 9
   ‾‾‾‾‾
      2 2

c)   3
   – 2 8 9
   ‾‾‾‾‾‾‾
     5 7

d) 5 3 1
   – 1
   ‾‾‾‾‾
   3 4 4

e)   2
   – 6 1
   ‾‾‾‾‾
      4 4

④ Ich kann hin und her rechnen.

Subtraktion

999 – ___ = 666
___ – 175 = 825
850 – ___ = 225

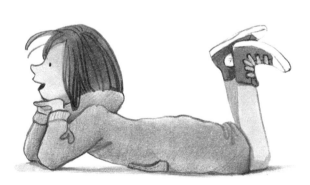

⑤ Ich verstehe und verwende Fachbegriffe.

Subtrahiere 155 von 475.

Wenn ich von einer Zahl 157 subtrahiere, erhalte ich 289.

Wie groß ist die Differenz aus 655 und 299?

Verdopple die Differenz aus 386 und 217.

Das kann ich jetzt – Multiplikation

"Alle in einer Minute"

① Ich beherrsche das kleine Einmaleins und kann Zehner- und Hunderterzahlen vervielfachen.

a) 6 · 8	b) 4 · 7	c) 9 · 7	d) 7 · 8	e) 5 · 9
6 · 80	4 · 70	9 · 70	7 · 80	5 · 90
60 · 8	40 · 7	90 · 7	70 · 8	50 · 9
6 · 108	4 · 107	9 · 107	7 · 108	5 · 109

② Ich kann verschiedene Rechenwege finden und darstellen.

6 · 38

```
  6 · 3 0 = 1 8 0         6 · 4 0 = 2 4 0
  6 ·   8 =   4 8         6 ·   2 =   1 2
1 8 0 + 4 8 = 2 2 8     2 4 0 −       =
```

```
  5 · 3 8 =
  1 · 3 8 = 3 8
        +       =
```

"Welchen Weg wählst du?"

a) 7 · 43   b) 4 · 29   c) 5 · 99   d) 7 · 59
   3 · 78   6 · 68   6 · 56   6 · 76
   8 · 37   9 · 57   4 · 84   4 · 128

"Überschlag und Endziffern"

③ Ich kann Lösungen schnell und sicher prüfen.

a) 4 · 123 = 392   b) 7 · 81 = 569
   8 · 68 = 540   211 · 4 = 845
   5 · 25 = 125   120 · 6 = 730
   4 · 206 = 924   303 · 3 = 990

④ Ich kann hin und her rechnen.

Multiplikation

4 · ___ = 140
___ · 22 = 110
6 · ___ = 294

⑤ Ich verstehe und verwende Fachbegriffe.

| Multipliziere 8 und 78. | Wie groß ist das Produkt aus 207 und 3? | Bilde das Vierfache der Summe aus 35 und 27. | Meine Zahl ist doppelt so groß wie das Produkt aus 6 und 25. |

Das kann ich jetzt – Division

① Ich beherrsche das kleine Einsdurcheins und kann durch Zehner- und Hunderterzahlen dividieren.

a) 9 : 3   b) 24 : 6   c) 35 : 7   d) 56 : 8   e) 72 : 9
   90 : 3   __ : __   __ : __   __ : __   __ : __
   90 : 30   __ : __   __ : __   __ : __   __ : __

Alle in einer Minute

Welchen Weg wählst du?

② Ich kann verschiedene Rechenwege finden und darstellen.

234 : 6

1	8	0	:	6	=	3	0
	5	4	:	6	=		9

2	4	0	:	6	=	4	0
			4	0	–	1	=

a) 332 : 4   b) 456 : 6   c) 435 : 5   d) 474 : 6
   315 : 7   656 : 8   413 : 7   736 : 8
   368 : 8   567 : 9   828 : 9   651 : 7

Überschlag und Endziffern

④ Ich kann hin und her rechnen.

Division

210 : __ = 70
365 : __ = 73
___ : 4 = 124

③ Ich kann Lösungen schnell und sicher prüfen.

a) 496 : 8 = 52   b) 528 : 6 = 98
   292 : 4 = 78   651 : 7 = 97
   325 : 5 = 65   657 : 9 = 63

⑤ Ich verstehe und verwende Fachbegriffe.

Dividiere 324 durch 4.

Vergleiche den Quotienten aus 890 und 2 mit dem Produkt aus 45 und 9.

Halbiere den Quotienten aus 360 und 5.

Wie groß ist der Quotient aus 276 und 6?

Das kann ich jetzt – Geometrie

④ **Ich kenne geometrische Körpergrundformen, kann sie benennen und nach Eigenschaften sortieren.**

Ordne richtig zu!

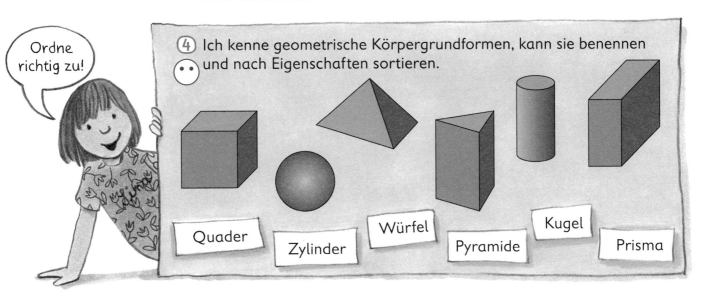

Quader · Zylinder · Würfel · Pyramide · Kugel · Prisma

⑤ **Ich finde verschiedene Netze für Würfel und Quader.**

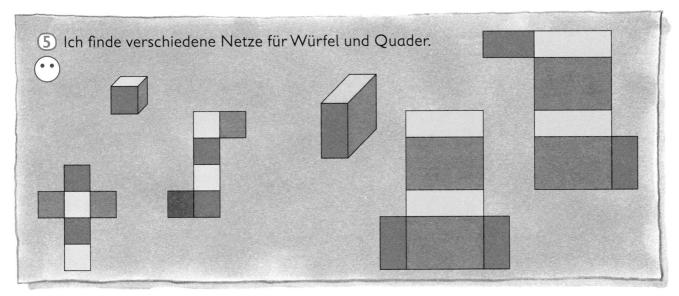

⑥ **Ich kann Würfelgebäude nach Plan oder Bild bauen und zu einem Würfelgebäude einen Plan erstellen.**

Schreibe die Baupläne für die Kinder.

Das kann ich jetzt – Längen, Zeit

Längen

① Ich verwende beim Messen von Strecken passende Einheiten:
- Rechenkästchen sind 5 mm lang und breit.
- Streichhölzer sind 5 cm lang.
- Leas Springseil ist 1,60 m lang.
- Mios Schulweg ist 2 km lang.

> Beim Schätzen weiß ich:
> 1 cm – so breit ist ungefähr mein Daumen,
> 1 m – so lang ist das Tafellineal.

② Ich kann die Länge einer Strecke in verschiedenen Einheiten angeben.
6 cm = 60 mm   30 cm = 0,30 m   200 m = 0,200 km

③ Ich kann mit Längen rechnen:

addieren	subtrahieren	vervielfachen	dividieren
a) 35 cm + 56 cm	b) 814 m – 76 m	c) 6 · 25 cm	d) 1 m : 4
87 cm + 113 cm	900 km – 258 km	5 · 16 mm	2 m : 8
167 m + 76 m	273 m – 56 m	8 · 25 m	200 m : 8
263 km + 258 km	631 m – 113 m	9 · 15 km	400 m : 8

Zeitspannen

④ Ich gebe Zeitspannen in passenden Einheiten an.
- Ein 50-m-Lauf dauert …
- Eine Unterrichtsstunde dauert …
- Das Fußballtraining dauert …

> Wenn der Sekundenzeiger eine ganze Umdrehung gemacht hat, sind 60 s oder 1 min vergangen.

⑤ Ich kann dieselbe Zeitspanne in verschiedenen Einheiten angeben.
90 min = 1½ Std.   3 min = 180 s

Wo werden Zeitspannen bestimmt?
Wo wird mit Zeitspannen gerechnet?

A Für die Hausaufgaben braucht Maria 65 Minuten, dann übt sie 20 Minuten lang Flöte spielen.

B Wie viel Zeit verbringt die Mutter pro Woche mit dem Lesen der Tageszeitung? Täglich liest sie 12 Minuten.

C Der ICE fährt um 9.48 Uhr in Köln ab und kommt um 11.51 Uhr in Frankfurt an.

D Mio braucht für den Schulweg 31 Minuten, davon 12 Minuten für die Busfahrt.

E In der Klasse sind 30 Kinder. Eine Doppelstunde Sport dauert 90 Minuten.

Das kann ich jetzt – Gewichte, Volumina

Gewichte

⑥ Ich verwende beim Wiegen passende Einheiten.

 10 g    4 kg

Vergleichsgewichte:
1 kg → 1-l-Packung Milch
250 g → 1 Stück Butter
100 g → 1 Tafel Schokolade
1 g → 1 Büroklammer

⑦ Ich kann dasselbe Gewicht in verschiedenen Einheiten angeben.
500 g = 0,500 kg   0,630 kg = 630 g

⑧ Ich kann Gewichte addieren.
4 kg 600 g + 3 kg 500 g = 8 kg 100 g
4,600 kg + 3,500 kg = 8,100 kg

⑨ Ich kann die Differenz von Gewichten bestimmen. Wie groß ist der Unterschied zwischen 1 kg und 650 g?

1 0 0 0 g − 6 5 0 g = 3 5 0 g

⑩ Ich kann Gewichte vervielfachen.
3 · 330 g   4 · 259 g   8 · 125 g

⑪ Ich kann Gewichte dividieren.
1 kg : 2 = $\frac{1}{2}$ kg = 500 g

a) 900 g = ___ kg
   800 g = ___ kg
   750 g = ___ kg
   75 g = ___ kg

b) 0,250 kg = ___ g
   0,500 kg = ___ g
   0,050 kg = ___ g
   0,005 kg = ___ g

c) 5 · 125 g
   7 · 130 g
   500 g : 4
   846 g : 6

d) 1,200 kg : 2
   1,200 kg : 4
   1,200 kg : 6
   1,200 kg : 8

Volumina

⑫ Ich gebe das Fassungsvermögen von Gefäßen in Liter/Milliliter an.
Das sind Maßeinheiten für Flüssigkeitsmengen.
Teile dieser Einheiten werden häufig als Bruch angegeben ($\frac{1}{2}$ l).

⑬ Ich kann Volumina in verschiedenen Einheiten angeben.
500 ml = 0,5 l = $\frac{1}{2}$ l

⑭ Ich kann Volumina addieren und subtrahieren.
250 ml + 650 ml   800 ml − 530 ml
270 ml + 390 ml   950 ml − 125 ml
415 ml + 285 ml   1000 ml − 125 ml

⑮ Ich kann Volumina vervielfachen und dividieren.
5 · 120 ml   25 l : 5
6 · 150 ml   12 l : 2
8 · 125 ml   800 ml : 4

Das kann ich jetzt – Sachrechnen

① Ich kann Sachaufgaben sicher bearbeiten und lösen.

Öffnungzeiten täglich	von	bis
Sommerzeit 27.03.2016 bis 30.10.2016	09.00 Uhr	19.00 Uhr
Kasse	09.00 Uhr	18.30 Uhr
Winterzeit 30.10.2016 bis 26.03.2016	09.00 Uhr	17.00 Uhr
Kasse	09.00 Uhr	16.30 Uhr

Tageskarte	Preis	Abend
Erwachsene	10,00 €	8,00 €
Kinder/Jugendliche (6–17 Jahre)	5,00 €	4,00 €
Familien	25,00 €	—

"Ich möchte mindestens 4 Stunden Zeit haben."

Anna plant mit ihren Eltern und den Geschwistern für die Herbstferien einen Besuch im Zoo. Anna ist im 3. Schuljahr. Ihr großer Bruder ist 14, ihre große Schwester 12 und der kleine Bruder 7 Jahre alt.

"Prüfe dein Ergebnis an der Aufgabe."

Das weiß ich schon: Die Öffnungszeiten stehen auf dem Aushang. Es gibt Eintrittskarten für Erwachsene, für Kinder und Jugendliche und Familienkarten.

Das will ich wissen: Wie viel muss die Familie für den Eintritt bezahlen? Wie viel Euro spart die Familie gegenüber Einzelkarten? Um wie viel Uhr muss die Familie spätestens im Zoo sein?

So finde ich das heraus:

Eintrittspreise	1	2	3	4
Erwachsene				
Kinder				

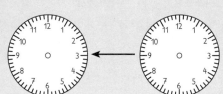

Das weiß ich jetzt: Die Familienkarte … Die Familie sollte spätestens um …

Ich kann Werkzeuge sinnvoll einsetzen.

② In der Klasse 3b sind 29 Kinder.

a) Vervollständige das Säulendiagramm.

b) Stelle die Daten auch als Tabelle dar.

c) Schreibe eine passende Sachaufgabe.

③ Vedat hat beim Weitwurf 32 m geworfen.

Das sind 3,50 m mehr als Sina, aber 4 m weniger als Tim.

Eva hat genau halb so weit geworfen wie Tim.

Skizze

④ Zwei Schnecken machen sich auf den Weg zu einem Tümpel, der 1 km entfernt ist. „Ich schaffe täglich 100 m", sagt die eine. „Ich trainiere behutsam", entgegnet die andere. „Am ersten Tag schleiche ich nur 10 m, am nächsten Tag doppelt so weit usw." Am wievielten Tag kommt die zweite Schnecke am Tümpel an?

Skizze

Systematisch probieren und rechnen

⑤ Max zählt seine Ersparnisse. Er legt die 5-€-Scheine beiseite, die 2-€-Stücke und die 1-€-Stücke. Andere Scheine oder Münzen hat er nicht in seiner Spardose. „Zusammen 38 Scheine und Münzen", stellt er fest. „Ich habe genau 100 € gespart." Wie viele 5-€-Scheine, 2-€-Stücke und 1-€-Stücke waren in der Spardose?

a) Finde eine Möglichkeit.

b) Finde mehrere Möglichkeiten.

c) Finde auch die Lösung von Super M.

Max hat genauso viele Scheine wie 1-€-Münzen.

Mathematik für alle

Herausgegeben von: Ursula Manten

Erarbeitet von: Ursula Manten, Ariane Ranft, Gabi Viseneber

Unter Einbeziehung der Ausgabe von: Ulrike Braun, Gudrun Hütten, Ursula Manten, Gabi Viseneber

Redaktion: Mario Hanschmann

Illustrationen: Martina Leykamm, Dorothee Mahnkopf (Super M)

Grafik: Christian Görke, Christine Wächter

Layoutkonzept: hawemannundmosch

Layout und technische Umsetzung: Checkplot, Liersch & Röhr

Umschlaggestaltung: Ines Schiffel

Bildnachweis: S.5, 40, 60, 72, 80, 84: (Geld) Deutsche Bundesbank; S.10: (gefaltete Zettel) Ursula Manten, Aachen; S.11: (Josef Albers) picture-alliance/dpa; (Hommage to the Square, Nr. IV, 1967) ©The Josef und Anni Albers Foundation/VG Bild-Kunst, Bonn 2015/bpk/Kupferstichkabinett, SMB/Jörg P. Anders; (nachempfundene Werke) Ursula Manten, Aachen; S.31 und 35: (Gewichtssatz) Ursula Manten, Aachen; S.44: (gefaltete Zettel) Ursula Manten, Aachen; S.70: (Eulennest Grundschule Konzen) Ursula Manten, Aachen; S.83: Ursula Manten, Aachen; S.94: Fotolia/Foto: Michaeliskirche Hildesheim (copyright) Brasto #69435951; (Holzgebäude) Jens-Uwe Mertens, Berlin; S.97: (Schildkröte) picture alliance/Arco Images; (Wespe) Shutterstock/Marco Uliana; (Eiffelturm Original) Shutterstock/WDG Photo; (Eiffelturm Nachbildung „France miniature") ©Mario FOURMY/REA/laif; (Kind mit Schlüsselanhänger) Ursula Manten, Aachen; S.104: (Karte) Dr. Volkhard Binder, Berlin; S.112: (Parkhaus) Ursula Manten, Aachen; S.117: Fotolia/Foto: Freilichtmuseum in Kommern (copyright) Eduard Shelesnjak #52630456; (Urftstausee) Shutterstock/Bildagentur Zoonar GmbH; S.134: (Löwe) Shutterstock/andamanec; (Eule) Shutterstock/kungverylucky; (Orang-Utan) Shutterstock/LeonP; (Zebra) Shutterstock/Phattana Stock

Bestandteile des Lehrwerks Super M für das 3. Schuljahr

Schülerbuch 3 mit Kartonbeilagen	978-3-06-083026-8
Arbeitsheft 3	978-3-06-083027-5
Arbeitsheft 3 mit CD-ROM	978-3-06-083415-0
Förderheft – Einstiege 3	978-3-06-083835-6
Förderheft – Aufstiege 3	978-3-06-083836-3
Handreichungen 3 für den Unterricht mit Lehrermagazin	978-3-06-083417-4
Kopiervorlagen 3 mit CD-ROM	978-3-06-083418-1
Im Paket:	
Handreichungen 3 für den Unterricht mit Lehrermagazin und Kopiervorlagen 3 mit CD-ROM	978-3-06-083916-2
Arbeitsheft Rechentraining 3	978-3-06-083167-8

www.cornelsen.de

Die Webseiten Dritter, deren Internetadressen in diesem Lehrwerk angegeben sind, wurden vor Drucklegung sorgfältig geprüft. Der Verlag übernimmt keine Gewähr für die Aktualität und den Inhalt dieser Seiten oder solcher, die mit ihnen verlinkt sind.

1. Auflage, 2. Druck 2015

Alle Drucke dieser Auflage sind inhaltlich unverändert und können im Unterricht nebeneinander verwendet werden.

© 2015 Cornelsen Schulverlag GmbH, Berlin

Das Werk und seine Teile sind urheberrechtlich geschützt. Jede Nutzung in anderen als den gesetzlich zugelassenen Fällen bedarf der vorherigen schriftlichen Einwilligung des Verlages. Hinweis zu den §§ 46, 52a UrhG: Weder das Werk noch seine Teile dürfen ohne eine solche Einwilligung eingescannt und in ein Netzwerk eingestellt oder sonst öffentlich zugänglich gemacht werden. Dies gilt auch für Intranets von Schulen und sonstigen Bildungseinrichtungen.

Druck: PHOENIX PRINT GmbH

ISBN 978-3-06-083026-8

PEFC zertifiziert
Dieses Produkt stammt aus nachhaltig bewirtschafteten Wäldern und kontrollierten Quellen.
www.pefc.de
PEFC/04-31-1404